KB218759

무사도와
에로스

저자
우지이에 미키토 氏家幹人, Ujiie Mikito
1954년 후쿠시마현福島縣 출신. 도쿄교육대학東京敎育大學 문학부 졸업. 쓰쿠바筑波대학
박사과정 중퇴. 일본근세사 전공.
사람과 사람의 유대관계와 무사의 세계를 주로 다루며 남색 등 성性, 가족과 관련된 저
서가 많음. 저서로『江戸藩邸物語』,『殿樣と鼠小僧』(中央新書),『江戸の少年』(平凡社),
『小石川御家人物語』(每日新聞社) 등이 있음.

역자
신은영 辛恩英, Shin eunyoung
쇼와昭和여자대학에서 상대(고전)문학으로 학위 취득. 대학 강사, 과거사정리위원회 조
사관을 거쳐, 현재 국사편찬위원회에서 고문서의 정리, 교정, 탈초 등을 하고 있음. 역서
로『약재질정기사』(국사편찬위원회) 등이 있음.

무사도와 에로스

초판 인쇄 2016년 8월 10일 **초판 발행** 2016년 8월 15일
지은이 우지이에 미키토 **옮긴이** 신은영 **펴낸이** 박성모 **펴낸곳** 소명출판
출판등록 제13-522호 **주소** 서울시 서초구 서초중앙로6길 15, 1층
전화 02-585-7840 **팩스** 02-585-7848
전자우편 somyungbooks@daum.net **홈페이지** www.somyong.co.kr

값 13,000원
ISBN 979-11-5905-036-7 03910
ⓒ 소명출판, 2016

무사도와 에로스

BUSHIDO
AND
EROS

우지이에 미키토 지음

신은영 옮김

소명출판

차례

일러두기
출처를 제외한 각주는 기본적으로 역자 주이다. 저자 주의 경우 글 앞에 '【저자 주】'로 표기하였다.

프롤로그

노부나가信長의
조리草履

따뜻한 조리草履[1] **사건**

지금으로부터 30년이나 지난 옛날 일이다. 10살이 채 되지 않았던 저자는 『소년소녀를 위한 그림으로 보는 일본역사少年少女のための絵で見る日本歴史』라는 책에 흠뻑 빠져 있었다. 당시 일반적으로 즐겨 읽던 애독서를 꼽으라면 『쿠오레-사랑의 학교』와 바로 이 책을 들 수 있을 것이다. 저자는 이 책을 두 번, 세 번 정도가 아니라 매일같이 들여다보며 상상의 나래를 펴곤 했을 만큼 어린 시절 마음에 꼭 든 책 중의 하나였다. 그런 책이었기 때문에 불혹에 가까운 지금도 책 속에 그려져 있던 다양한 장면을 떠올리곤 한다. 그중에서도 특히 인상에 남아 있는 것은 히요시마루日吉丸[2]인지 도키치로藤吉郎[3]인지 잘 모르겠지만 어쨌든 출세하기 전의 히데요시秀吉가 주군 노부나가信長의 조리를 따뜻하게 만든 장면이다. 조리토리草履取[4] 차림의 도키치로가 노부나가에게 뭔가 변명을 하고 있고 그 모습을 내려다보는 노부나가의 무사다운 늠름한 모습.

참고로 그 장면에 대한 기억을 더듬어보면 다음과 같다.

어느 추운 날 아침(눈도 쌓여있었다고 생각한다), 노부나가가 조리를 신자 묘하게 따뜻했다. 그래서 도키치로가 엉덩이로 깔고 앉았기 때문이라고 확신한 노부나가는 그를 불러 엄하게 꾸짖었다.

---

1 짚 등으로 엮은 신발.
2 『다이코기太閤記』(도요토미 히데요시의 전기)에 보이는 히데요시의 어릴 적 이름.
3 기노시타 도키치로木下藤吉郎. 오다 노부나가를 모시던 1554년 무렵 도요토미 히데요시의 이름.
4 무가武家에서 주인의 조리를 들고 따라다니던 하인.

"이런 건방진 놈 같으니라고!"

그러자 도키치로는 "주인님의 조리가 따뜻한 것은 제가 품속에 넣어 따뜻하게 만들었기 때문입니다. 저는 주인님이 차가운 조리를 신지 않았으면 하는 마음에 그리 했을 뿐입니다. 그런데 제가 엉덩이로 깔고 앉았다니 당치도 않은 오해십니다. 증거도 있습니다. 그 증거는 바로 이겁니다"라고 말하며 윗옷을 열어젖혀 보이자 도키치로의 가슴팍에는 진흙이 묻어 있었다. 건방지기는커녕 주인을 생각하여 조리를 따뜻하게 품은 충직한 부하였던 것이다.

이 이야기는 이후 이례적으로 출세를 거듭한 기노시타 도키치로木下藤吉郎의 대표적인 에피소드 중 하나이자 어린이용 위인전기에 아직도 실릴 만큼 유명한 일화이다. 그리고 역사적인 사건과 인물을 둘러싼 구句를 모아 해설을 가한 오카다 산멘시岡田三面子의 저서 『니혼시덴센류교쿠日本史傳川柳狂句』에 다음과 같은 구가 채택되어 있는 것만 봐도 예전부터 이 이야기가 얼마나 유명했는지 잘 알 수 있다.

따뜻하게 만든 조리가 운의 시작暖めし草履か運の開け口

매가 될 조짐, 조리를 따뜻하게 만든 새鷹となる気さし草履をぬくめ鳥

조리로 운이 트인 천하草履から片道ついた天が下

모두 에도 후기의 센류川柳,[5] 잡하이쿠집雜俳句集에서 뽑은 것인데

---

[5] 5·7·5조로 구성되는 시詩의 한 종류. 역시 5·7·5조 17자로 구성되는 일본고유의 단시短詩 형태인 하이쿠俳句와는 달리 계절어季語를 포함시키지 않아도 되며

이런 구를 통해 에도江戶시대부터 '따뜻한 조리'를 둘러싼 이야기가 도키치로의 충절과 입신 출세술을 말해주는 것으로서 계속 회자되어 왔음을 알 수 있다. 말하자면 '국민 에피소드'라고 해도 과언이 아닌 것이다.

성적性的인 기분이 든 이유

그런데 이 이야기는 어째서 소년시절 저자의 뇌리에 깊이 새겨지게 된 것일까. 단지 그 이야기가 유명했기 때문만은 아닌 것 같고 어린이용 역사서를 편집한 측의 교육적 의도와도 아무 상관이 없었던 것 같다. 그럼 왜일까?

솔직히 고백하면 아주 기분이 나빴기 때문이다. 주인의 조리를 들고 따라다니는 남자가 다른 한 남자(주인)를 위해 품에 조리를 넣어 따뜻하게 만든다. 그리고 자신의 체온으로 따뜻해진 조리에 주인의 발이 밀착된다. 더구나 조리를 들고 따라다니는 남자는 여자로 착각할 만큼 아름다운 미소년이기는커녕 오히려 '원숭이'라고 불리는 추남이다. 아무리 간접적이라고는 해도 피부와 피부가 맞닿는 행위가 충의忠義라고 칭송되는, 그런 피부 접촉적이고 농후한 인간관계에 소년시절의 저자는 생리적인 위화감을 느끼지 않을 수 없었다.

당시엔 물론 '게이'나 '남색男色'과 같은 남성들의 동성애가 존재

___

인간세상사 및 사회풍자를 주로 읊음.

한다는 사실조차 몰랐고, 그것이 '슈도衆道'[6]라는 이름으로 전국시대 무사들 사이에 침투하여 때로 주종 간에 중요한 유대관계를 맺게 하는 역할을 하기도 했다는 지식도 없었다. TV만화 등에 호모가 아무렇지 않게 등장하는 요즘과는 달리 1960년대 초등학생이었던 저자가 그런 정보를 접할 기회는 전혀 없었다. 들은 적도 없을 뿐더러 본 적도 없었다. 소년은 그 부분에 대해 천진무구했다고 할 수 있다. 그럼에도 불구하고 지금 돌이켜 보면 소년은 그 에피소드에서 성애의 냄새를 맡았던 것 같다. 이유는 알 수 없지만 아주 성적인 느낌, 그리고 그것이 뭐라 표현할 수 없을 만큼 찜찜한 느낌을 갖게 한 원인이었다고 생각된다.

그런데 이 이야기를 접한 뒤 '성적인 기분'을 느낀 건 나 혼자만은 아니었던 것 같다. 이탈리아 역사에 조예가 깊은 작가 시오노 나나미塩野七生 씨도 나와 같은 느낌을 받은 것 같다. 시오노 씨는 "사견에 불과한 상상"에 지나지 않는다고 전제한 뒤 이 에피소드를 통해 느낀 점을 다음과 같이 털어놓았다.[7]

히데요시는 도키치로 시절부터 노부나가를 동경하고 있었던 건 아닐까. 아니 동경했다기보다 애정을 느낀 것이리라.

노부나가의 동성애라고 하면 먼저 모리 란마루森蘭丸[8]같은 미소년

---

6 일본에서 남성에 의한 동성애同性愛, 소년애少年愛를 칭하는 말 또는 형태.
7 塩野七生, 『男の肖像』, 文春文庫, 1992.

과의 관계만 떠올리는 데에 평소 불만을 가지고 있던 시오노 씨는 '성관계를 동반하는 소년애'와는 별개로 남자끼리 사랑하고 사랑받는 관계가 있었으며 오히려 그런 사랑이 당시 "가장 지배적인 관계가 아니었을까"라고 말한다. 그리고 다음과 같이 덧붙이고 있다.

> 조리를 품속에 넣어 따뜻하게 만드는 것은 성실한 종복從僕으로서의 봉사를 뛰어넘는 행위다. 노부나가는 미지근한 조리를 발에 느끼면서 도키치로의 사랑도 함께 느끼지 않았을까.

이로써 30여 년 전 저자가 느꼈던 감정이 결코 혼자만의 개인적인 집착이나 비뚤어진 감성의 소산이 아니었음을 알 수 있으리라. 도키치로(히데요시)가 노부나가의 조리를 가슴에 품어 따뜻하게 만들었다는 일화를 통해 누구든 저자와 비슷한 느낌을 받았다고 해서 이상한 일은 아니었던 것이다.

**조리에서
게타下駄로**

어쨌든 이 에피소드는 역사적 사실일까 아닐까?
대답은 '아니다'이다.
전국시대戰國時代를 연구하는 오와다 데쓰오小和田哲男 씨는 "『그림책 다이코기繪本太閤記』[9]부터 히데요시가 노부나

---

8 오다 노부나가를 측근에서 모시던 시동侍童. 노부나가가 총애했다는 이유로 외모가 뛰어난 '란마루 상'이 형성되었다고 함.

가의 조리를 품에 넣어 따뜻하게 만들었다는 에피소드가 등장한다"[10]고 했고, 『다이코기의 연구太閤記の研究』와 『호다이코 전기이야기의 연구豊太閤伝記物語の研究』 등을 저술한 구와다 다다치카桑田忠親 씨도 같은 의견을 내놓았다.

좀 더 자세히 설명하자면, 따뜻하게 만든 조리에 관한 일화는 1621~1673년 사이에 저술된 『가와스미 다이코기川角太閤記』 및 1625년 완성된 『호안 다이코기甫庵太閤記』에는 실려 있지 않고 1797~1802년에 걸쳐 간행된 『그림책 다이코기』에 처음 등장한다는 것이다. 어떤 식으로 등장하는지 『그림책 다이코기』(初篇 권2)에서 해당되는 곳을 찾아보기로 하겠다.

> 말을 돌보는 일을 맡게 된 도키치로는 주야로 정성껏 사료를 마련하고 틈날 때마다 손으로 쓰다듬었더니 얼마 지나지 않아 말의 털이 아름답게 빛났다. 그러자 노부나가 경의 눈에 들어 조리토리에 임명되었고, 추운 날 조리를 따뜻하게 품어 만사 뜻하는 대로 이루어졌다.

이렇듯 원래 내용에는 조리를 따뜻하게 만든 부분도 아주 간결한 데다 엉덩이로 조리를 깔고 앉았다고 노부나가가 히데요시를 꾸짖

---

9 다이코太閤란 섭정摂政 또는 관백関白의 지위를 자제에게 물려준 사람을 가리킴. 하지만 근세 이후 다이코라고 할 경우는 주로 조카 도요토미 히데쓰구豊臣秀次에게 지위를 물려준 뒤의 도요토미 히데요시豊臣秀吉를 가리키는 것이 보통이며 히데요시의 성을 따서 호다이코豊太閤라고 부르기도 함.

10 小和田哲男, 『豊臣秀吉』, 中央公論社, 1985.

는 장면도 없었다. 오와다 데쓰오 씨가 "재미있는 이야기가 꼬리에 꼬리를 물고 확대되어 간 것"이라고 했는데 아무래도 그런 것 같다. 꼬리에 꼬리를 물고 확대된 국민 에피소드.

그리고 다테바야시 번館林藩[11]의 번사였던 오카야 시게자네岡谷繁實가 메이지 유신 이후 탈고한 『명장언행록名將言行錄』에 기록되어 있는 내용도 거의 비슷하다. '거의'라고 한 것은 다른 부분이 있기 때문이다. 이 이야기는 의외로 알려져 있지 않은 것 같으므로 좀 길기는 하지만 인용해보면 다음과 같다.

어느 눈 내린 날 밤, 노부나가가 돌아가려고 게타下馱(나막신)를 신자 따뜻했다. 그래서 "내 게타를 깔고 앉았다니 괘씸하다"며 히데요시를 지팡이로 때렸다. 히데요시가 깔고 앉지 않았다고 대답하자 노부나가는 더욱 화를 내며 "거짓말을 하다니 목을 베어버리겠다"고 했다. 그러던 차에 여관女官이 나와 사죄의 말을 했다. 그래도 히데요시는 절대 깔고 앉지 않았다고 주장했다. 노부나가가 "게타가 따뜻한 게 그 증거가 아니고 무엇인가"라고 했더니 히데요시는 "추운 밤에 주인님이 게타를 신으면 발이 차지 않을까 하여 등에 넣어 따뜻하게 만들었습니다"라고 말했다. 증거가 있냐고 하자 옷을 벗어 보여주었다. 그랬더니 게타의 끈 자국이 등에 선명히 남아 있었다. 노부나가는 히데요시의 충정을 느끼고 그를 즉시 조리토리의 우두머리에 임명했다.

이 내용을 보면 히데요시가 따뜻하게 만든 것은 조리가 아니라 게타이고 따뜻하게 만든 곳도 품속이 아니라 등이다. 엉덩이로 깔고 앉은 게 아니라는 증거도 자연히 품에 묻은 흙이 아니라 등에 남아 있는 게타의 끈 자국이다.

오카야 시게자네가 어떤 자료를 바탕으로 했는지 확인할 수는 없지만 어쨌든 '따뜻한 게타'는 '따뜻한 조리'의 변형 중 하나임에 틀림없다.

쇼군將軍[12] 이에미쓰家光와 충신

조리일까 아니면 게타일까, 품속일까 아니면 등일까, 흥미로운 문제라 하지 않을 수 없다. 하지만 더 중요한 것은 조리든 게타든 하인이 주인의 신발을 따뜻하게 만들었다는 일화가 노부나가信長와 히데요시秀吉에만 한정되어 있지 않다는 점이다.

『무야촉담武野燭談』(13권)에는 「야마시로노카미山城守[13] 사카이 시게즈미酒井重澄 출두에 관한 건·사누키노카미讚岐守 사카이 다다카쓰酒井忠勝 간언에 관한 건」이 수록되어 있는데 내용은 대략 다음과 같다.

에도막부의 3대 쇼군 도쿠가와 이에미쓰德川家光는 사카이 시게즈미를 더할 나위 없이 총애했다. 너무 총애한 나머지 깊은 밤, 성을 몰

---

12 가마쿠라鎌倉막부 이후 막부정권의 수장首長을 가리키는 호칭.
13 '카미守'는 조정에서 각 지역에 파견된 관리로 그 지역의 장관.

래 빠져나가 시게즈미의 집에 찾아가는 일도 자주 있었다. 경솔한 일이 아닐 수 없었다. 그 사실을 알게 된 사카이 다다카쓰는 쇼군에게 무슨 일이라도 생기면 큰일이라고 생각하고 쇼군이 성을 빠져나갈 때 몰래 함께 나가 시게즈미의 집 나무 뒤에 숨어서 이에미쓰가 돌아갈 때까지 기다렸다고 한다.

그러던 어느 아주 추운 날 밤, 다다카쓰는 주군의 조리를 품에 넣고 있다가 이에미쓰가 귀가하려는 것을 보고 조리를 원래 있던 곳에 두고 자신은 밖에서 서리를 맞으며 기다리고 있었다. 성으로 돌아가기 위해 조리를 신은 이에미쓰는 묘한 온기를 느끼고 이상하게 생각했지만 아무 말도 하지 않고 돌아갔다. 그런데 같은 일이 몇 번이나 계속되자 이에미쓰는 "이 일은 자네의 마음씀씀이인가?"라고 사랑하는 시게즈미에게 물었다. 시게즈미는 "아닙니다. 미처 조리까지는 신경을 쓰지 못했습니다"라고 대답했다.

결국 이 일을 계기로 마침내 이에미쓰는 다다카쓰의 배려를 깨닫게 되고 그를 불러 감사의 말을 전했다. 그러자 다다카쓰는 이에미쓰의 경솔한 행적에 대해 간언했다. 그 말을 들은 이에미쓰는 아주 부끄러워하며 다다카쓰의 충절에 눈물로 고마움을 표하고 이후 일절 야행夜行을 끊었다고 한다.

이에미쓰가 남색男色을 취했다는 사실은 여러 저서에 기록되어 있는데다 사카이 시게즈미를 총애하여 깊은 밤 그 집에 드나들었다는 것도 의심할 여지가 거의 없는 사실이다. 적어도 『무야촉담』의 저자는 그렇게 확신하고 있었다.

그림같이 아름다운 충성스러운 신하. 직언을 서슴지 않는 신하로 등장하고 있는 사카이 다다카쓰는 이에미쓰보다 17살이 많으며, 이에미쓰의 측근에서 로주老中[14]를 거쳐 다이로大老[15]로 승진한 막부의 중추적인 인물이었다.

한편 총애하던 신하 사카이 시게즈미는 이에미쓰보다 세 살 아래였다. 이에미쓰의 고쇼小姓[16]를 거쳐 시모우사下總[17] 오유미 번生實藩 2만 5천 석의 주군이 될 만큼 출세했으나 1633년 이에미쓰의 노여움을 사 파면 당했다. 당시 나이 27세. 너무나 덧없는 영화榮華였다.

조리草履 전설의 탄생 이에미쓰의 야행과 관련된 일화는 사카이 다다카쓰의 언행을 모은 『앙경록仰景錄』에도 실려 있다. 하지만 여기에는 젊은 쇼군이 혈기왕성한 나머지 "측근 몇 명만 데리고 밤늦게 성문을 몰래 빠져나가 야행을 즐겼다"고 되어 있을 뿐 사카이 시게즈미와 관련된 기록은 없다. 어쨌든 다다카쓰가 '무언의 간언'으로서 이에미쓰의 조리를 따뜻하게 만들었다는 줄거리는 같다. 즉, 주군의 조리를 품속에 넣고 따뜻하게 만들어 충절(주군에 대한 사랑)을 나타낸다는 구성은 '이에미쓰·

---

14 에도막부에서 쇼군將軍 직속으로 정무를 총괄하고 다이묘大名(지방영주)를 감독하던 직책.
15 에도막부에서 쇼군을 보좌하던 최고 행정관.
16 주군의 시중을 들던 시동侍童, 또는 주군의 곁에서 잡무를 보던 무사.
17 현재 지바현千葉県 지바시.

다다카쓰'의 경우에도 '노부나가 · 히데요시' 못지않게 멋지게 성립되어 있었던 것이다.

그럼 어느 쪽이 먼저 이야기로서 성립되었을까?

현재로서는 '이에미쓰 · 다다카쓰' 쪽이 '노부나가 · 히데요시'보다 먼저일 것으로 추측된다. 왜냐하면 앞에서도 말했듯이 히데요시의 에피소드가 1797년 초편初篇이 간행된 『그림책 다이코기』에 처음 등장한 데 비해 사카이 다다카쓰의 충의담은 『무야촉담』이나 『앙경록』 이전에 이미 성립되어 있었을 것으로 추정되기 때문이다.

『앙경록』의 저자 야마구치 안코山口安固는 다다카쓰가 은거한 이후 우필祐筆(서기)을 했던 야마구치 스이간山口翠巌의 아들이다. 이 책은 안코가 아버지를 비롯하여 다다카쓰를 가까이에서 모셨던 사람들로부터 들은 이야기를 정리한 것이라고 한다. 책이 간행된 것은 1765년으로, 『그림책 다이코기』의 초편이 간행된 시기보다 30년 이상 빠르다. 『무야촉담』도 초고가 완성된 것은 1709년이므로 이쪽은 무려 90여 년이나 빠르다고 할 수 있다.

다시 말해 '노부나가 · 히데요시'의 조리전설은 이미 성립되어 있던 '이에미쓰 · 다다카쓰'의 이야기(이쪽은 사실일지 모른다)를 근거로 만들어진 것일지도 모른다. 『무야촉담』이라는 서적이 "에도시대 무가武家의 이야기를 다룬 책으로서 사람들에게 회자되고 널리 유포되었다"(『日本史大辭典』)는 사실로 볼 때 가능성은 크다고 할 수 있다. 하지만 저자는 '어느 쪽이 먼저인가'라는 사료적 음미 자체에 특별히 관심이 있는 게 아니다. 그 결과 역사적으로 어떻게 전개 되었는지가 더 흥미롭기 때문이다.

주인의 조리를 체온으로 따뜻하게 만드는 행위가 '이에미쓰・다다카쓰'의 경우에는 노골적으로 성적인 분위기를 풍기고 있었다. 시게즈미와 이에미쓰 사이에는 성적인 관계가 분명 있었고, 남색에 탐닉하는 이에미쓰에게 충언을 하고 말리기 위해 다다카쓰는 조리를 따뜻하게 만들었다. 그런 행동은 사실 "시게즈미보다 내가 주군 이에미쓰에게 더 깊은 사랑을 품고 있다"는 자기 표시이며, 그렇기 때문에 이에미쓰도 다다카쓰의 '충절＝사랑'에 마음이 움직여 경솔한 행동을 스스로 자제하게 된 것이다.

이에미쓰와 시게즈미의 관계에 대해 아무런 언급도 없는 『앙경록』역시 마찬가지다. 이에미쓰가 측근만 이끌고 야행에 나섰다는 대목을 보면 단순히 신파적인 방탕함뿐만 아니라 성적인 관계도 있었다는 느낌을 지울 수 없다.

그런데 18세기 말에서 19세기에 만들어진 『그림책 다이코기』에서는 적어도 동성애적인 분위기는 찾아볼 수 없다. 기본적으로 이 에피소드는 도키치로(히데요시)의 입신출세의 비결 및 주인을 생각하는 마음이 얼마나 갸륵한지 보여주기 위해 탄생한 것이기 때문이다. 일찍이 주인과 주인의 조리를 들고 따라다니던 하인 사이에 감돌던 농밀한 성애의 공기는 몇 배나 옅어져버려 어느덧 제대로 맡을 수도 없는 시대로 바뀌어 버린 것이다.

**사랑과
충忠의
감정사感情史**

예전에는 '사랑'과 불가분의 관계였던 '충'의 감정.

그러나 시대가 흐르면서 '사랑'은 떼어내 버리거나 의식 안에 억지로 봉인한 채 '충'만 비대해져 갔다. 그것은 무사사회의 커다란 심적 상태의 변화이자 전환임에 분명하다. 아니, 비단 무사들만의 문제는 아니다. 일본에서 '남자 대 남자의 관계', '남성들의 유대紐帶'의 형태를 역사적으로 살펴보고자 할 때 이 문제는 아주 중요한 점을 시사한다.

'사랑과 충의 감정사'라 하면 먼저 『하가쿠레葉隱』[18]를 떠올리는 사람이 많을 것이다. 즉 테마로서는 어느 정도 손때가 묻은 것이라 할 수 있다. 하지만 『하가쿠레』 고유의 세계에 머물지 않고 보다 다채로운 각도로 바라본다면 이 테마는 틀림없이 '일본남성사日本男性史'를 구축하는 데 새로운 시각을 부여해 줄 것이다.

그런 기대를 해보며 남성들의 유대관계에 대해 살펴보기로 하겠다. 사료적 제약을 조심스럽게 뛰어넘으면서 말이다.

"무사도는 에로스의 향기."

---

[18] 나베시마 번鍋島藩의 번사 야마모토 조초山本常朝가 무사로서의 마음가짐에 대한 견해를 '무사도'라는 용어로 설명한 것을 다시로 쓰라모토田代陣基가 기록. 전 11권으로 1716년경 출간.

제1장

잊혀져버린
복수

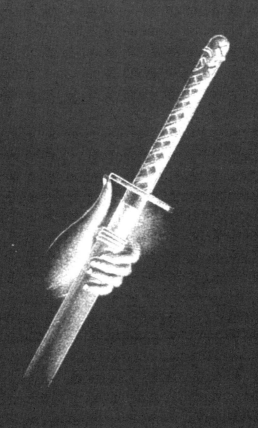

**아카이시
아이타로赤石愛太郎의
복수**

북국北國의 향토지로 이야기를 시작해 보기로 하겠다. 미우라 데라미즈三浦寺水 씨는 「향토지 무쓰鄕土誌むつ」(제3집)에 게재한 「아카이시 아이타로 미토에서의 복수赤石愛太郎水戶の仇討」(1932)에서 다음과 같이 아쉬움을 토로하고 있다.

무쓰(현재 아오모리靑森)지방에서 벌어진 복수사건 중의 백미이자 일본의 복수세계에서도 인정받아 마땅한데 그다지 알려지지 않은 것 같아 유감스럽다. 복수에 관한 연구자 지바 가메오千葉龜雄 씨가 최근 저술한 책에도 한 줄 정도로만 기록되어 있을 뿐이고 지난해 발행된 복수이야기 50종에도 빠져 있다.

1854년 6월 19일, 미토성水戶城 부근 무카이초向井町에서 히로사키 번弘前藩[1]의 번사 아카이시 아이타로가 어머니의 원수를 멋지게 갚았다. 젊은 무사의 쾌거라고 하여 미토 도쿠가와가德川家[2]로부터 술과 하사품이 내렸고 에도(현재 도쿄)까지 소문이 자자했다.
향토의 자랑.
그럼에도 불구하고 아카이시 아이타로의 미담은 거의 알려지지 않았다. 미우라 씨는 이런 사실에 유감을 표하며 '향토의 영웅'에게

---

1   현재 아오모리현靑森県 히로사키시市.
2   미토水戶에 있던 도쿠가와씨德川氏의 분파. 1606년 9월 23일 도쿠가와 이에야스德川家康의 11남인 마쓰다이라 요리후사松平賴房가 가문을 일으킴.

보다 광명이 비춰지기 바란다고 했다. 하지만 이 복수사건은 그리 알려지지도 않았지만 그렇다고 완전히 묻힌 것도 아니었다. 1909년 간행된 히라데 고지로平出鏗二郎의『복수敵討』에 첨부된「에도시대복수사적표江戸時代敵討事蹟表」에 기록되어 있는 데다, 1927년 간행된 우메하라 호쿠메이梅原北明의『변태복수사變態仇討史』에 수록되어 있는「게이초慶長 이후 실록복수연표」에도 실려 있다. 부당하게 잊혀져버린 복수사건은 절대 아니었던 것이다.

하지만 일본의 복수세계에서 과연 인정받는 이야기라고 할 수 있을까. 미우라 씨의 불만도 어느 정도 수긍이 가는 부분이다. 그가 '복수에 관한 연구의 대가'라고 칭송하는 지바 가메오의『신판일본복수이야기新版日本仇討』(1931)에도 600페이지에 달하는 본문 중 '아카이시 아이타로 무쓰常陸 무카이초에서의 복수'에 관해서는 한 줄 정도로 간단하게 정리되어 있을 뿐이다.

이유가 뭘까.

가장 큰 원인은 아무래도 아이타로의 어머니에게 찾을 수 있을 것 같다. 미우라 씨 역시 "아이타로의 어머니는 사람들한테 너무 인심을 잃었다"고 했듯이 사람들은 애당초 희생자인 그녀의 비명횡사에 눈물은커녕 관심조차 두지 않았다.

치정의 끝

아이타로의 어머니 이름은 이와岩. 히로사키 번사藩士의 차녀로 대단한 미모의 소유자였다고 한다. 그런데 남편이 죽고 과부가 된 그녀는 뭇 남성들과 불순한 교제를 거듭하는 등 행실이 바르지 못했다. 결국 친족회의 끝에 쫓겨나 아라카와무라荒川村(현재 아오모리 시내)에 사는 독신 언니의 집에 기거하게 되었다.

쓸쓸한 마을에서의 생활.

처음에는 언니의 일을 돕기도 하며 조용히 지냈지만 기치노신吉之進이라는 에도 출신의 떠돌이가 마을에 들어오면서부터 그녀의 운명은 달라졌다. 누가 먼저랄 것도 없이 눈이 맞은 두 사람은 부부처럼 지내게 되었다. 그런데 몇 년 후, 마을에 새로 흘러 들어온 승려와 정분이 나자 그녀는 기치노신을 귀찮게 여기기 시작했다. 그후 그녀의 농간도 있고 하여 타지에서 온 기치노신은 마을에서 쫓겨나고 말았다. 그러자 기치노신은 그녀를 향한 원망과 미련으로 가득 차게 되었다. 그로부터 두 달 후 근처에 몸을 숨기고 있던 기치노신이 갑자기 이와 앞에 나타나 "이런 나쁜 여자 같으니"라고 외치며 칼로 그녀를 내리쳤다.

치정 끝의 참극.

이와의 시신을 검시檢屍하기 위해 찾아온 히로사키 번의 관리는 그녀의 몸에 생긴 수많은 상처를 확인했다. 머리 6곳, 이마 3곳, 왼쪽 어깨 4곳 및 그 외에도 배꼽에서 음부까지 세로로 난 상처를 발견했는데 하복부를 찌른 상처는 길이 6치寸, 폭 1치 2부分, 깊이가 3치에 이를 정도로 눈에 확 띄는 것이었다고 한다.

불륜의 성性. 음탕한 부인에 대한 복수.

그것은 『야리노곤자 가사네가타비라鑓の権三重帷子』[3] 등과 같은 비극적인 작품의 소재가 될 수 있었을지는 몰라도 소년들에게 충효의 소중함과 깨끗함을 일깨우고 관객의 피를 끓어오르게 할 만한 웅장한 복수극이 될 수는 없는 일이었다. 자연스레 사람들의 입에도 오르내리지 않게 되었고 스토리가 부풀려지는 일도 없이 사라지게 되었다.

가타오카 헤이하치로片岡平八郎의 복수

사람들에게 잊혀져버린 복수. 하지만 앞에서 말했듯 미우라 데라미즈 씨가 아무리 안타까워해도 아카이시 아이타로의 복수는 잊히고 만 것 축에도 못 들어갈지 모른다.

사람들한테 완전히 잊혀져버린 복수는 따로 있다. 그것은 히라데 고지로의 『복수』는 물론이고 지바 가메오의 『신판일본복수이야기』, 나오키 산주고直木三十五[4]의 『복수천일야仇討千一夜』에도 한 구절은커녕 한 글자도 기록되지 않았다. 하지만 발생 당시에는 아카이시 아이타로보다 반향反響이 큰 사건이었다.

---

3 창鑓의 명수에 미남인 사사노 곤자笹野権三가 다도의 스승인 아사카 이치노신浅香市之進의 부인 오사이おさい와 밀통했다는 누명을 쓰고 이치노신에게 죽임을 당한다는 내용.

4 나오키 산주고直木三十五(1891~1934) : 소설가, 각본가, 영화감독. 현재 신인 및 중견작가의 대중소설작품에 수여되는 '나오키상直木賞'은 그의 이름에서 따옴.

사건은 1670년 5월 25일 에도의 시타야오카치마치^{下谷御徒町}5 부근에서 발생했다. 그날 막부^{幕府}의 지샤부교^{寺社奉行}6 가가즈메 나오즈미^{加々爪直澄}7가 보낸 편지가 쇼나이 번^{庄内藩}8의 에도 번저^{藩邸}9에 도착했다.

오늘 아침 오시^{午時}, 우에노^{上野}의 한 마을에서 가타오카 헤이하치로라는 자가 이토 진노스케^{伊藤甚之助}를 살해했다. 원수를 갚은 것이라고 주장하는데 두 사람 모두 귀 번^藩 소속이라고 한다. 이에 자세한 사정을 듣고자 하니 부하 한 명을 재판소에 출두시켜 주기 바란다.

이런 내용의 편지를 받아든 번주 사카이 다다요시^{酒井忠義}는 즉시 루수이^{留守居}10 쓰지 가가에몬^{辻加賀右衛門}을 불러 두 사람에 대해 물

---

5   1964년까지 존재한 도쿄 다이토구(台東区)에 있던 지역.
6   에도막부의 직제명. 사찰, 신사 및 그 영지에 있는 사람들을 관리하고 소송을 수리하고 판결한 종교행정기관.
7   가가즈메 나오즈미^{加々爪直澄}(1610~1685) : 난폭하기로 유명하여 에도에서 '밤 깊어 돌아다니는 자는 누군가, 가가즈메 나오즈미인가, 도둑인가' 하며 두려워했다고 함. 하지만 요직을 두루 거쳐 그 공적을 인정받아 1만 3천 석의 다이묘^{大名}가 됨.
8   현재 야마가타현^{山形県} 북서부에 있는 지역.
9   에도막부는 각 번의 다이묘^{大名}를 정기적으로 에도에 출사^{出仕}시킴으로서 각 번에 재정적 부담을 지움과 동시에 인질로 잡아두기 위한 제도^{参勤交代}를 시행함. 이 제도로 1년마다 에도와 영지를 오가는 다이묘를 위한 에도의 거주지가 에도 번저. 막부는 에도성 부근부터 교외에 이르기까지 여러 개의 저택용 부지를 무가^{武家}에 제공했고 다이묘의 정실, 적자는 인질로서 에도에 상주하게 하고 가신은 에도에 상근하거나 다이묘의 교대에 맞추어 교대함.
10 에도시대 다이묘^{大名}들이 에도의 저택에 둔 직명. 막부와 공무^{公務}에 관한 연락 및 다른 번과 교제, 연락을 담당.

어본 결과 가타오카, 이토 모두 3년 전 번을 떠났기 때문에 이미 쇼나이 번 소속이 아니라고 했다. 그래서 막부에 "우리 번과는 아무 관련이 없는 자이니 아무쪼록 막부의 법에 따라 처분하시기 바랍니다"라고 답장을 보냈다.

심문 후 가타오카 헤이하치로는 판결에 따라 연내에 호온지法恩寺에서 할복하기로 되었다. 향년 20세. 시신은 절에 매장되었다고 한다.

에도의 평판   당시 에도 번저에 있던 야마기시 이치로베山岸市郎兵衛가 쇼나이에 있던 헤이하치로의 아버지와 형에게 보낸 편지(『大泉紀年』 수록)에는 심문했던 당시의 상황이 상세히 기록되어 있다. 일부를 의역해가며 당시 상황을 재현해 보기로 하겠다.

헤이하치로   오늘 제가 죽인 이토 진노스케는 저와 함께 고쇼小姓였던 친구입니다. 그런데 3년 전 9월 15일 밤, 그는 자고 있던 마치노 이치사부로町野市三郎의 목을 친 후 그 길로 자취를 감추었습니다. 이치사부로에게 원한을 품고 숙소에 몰래 들어가, 자고 있던 사람을 내리친 겁니다. 중상을 입은 이치사부로는 사망했습니다.

저는 이치사부로와 의형제를 맺은 사이였기 때문에 가만히 있을 수만은 없었습니다. 즉시 번藩에 복수를 하겠다고 신청했지만 허가가 나지 않아 어쩔 수 없이 편지를 남기고 번을 탈퇴한 후 계속 진노스케를 찾아다녔습니다. 찾아다닌 지 3년 만에 우에노上野에 있는 간에이지寬永寺 경내에서 드디어 진노스케를 발견했습니다. 흔희작약欣喜雀躍. 금방이라도 베어버리고 싶은 기분이야 두말하면 잔소리입니다. 하지만 장소가 장소인지라 쇼군가의 영령을 모시는 절을 유혈로 더럽힐 수 없어 이를 악물고 그냥 보내줄 수밖에 없었습니다. 그런데 오늘 아침, 진노스케와 다시 마주치게 되어 의형제의 원수를 갚았습니다.

그런데 목을 벤 후 왜 주군의 명령으로 죽였다는 거짓말을 했냐고요? 그건 거짓말도 때로는 한 방법이 될 수 있기 때문입니다. 주군의 명령으로 죽였다고 하면 즉각 번저에 보고되어 주군 사카이 사에몬노조酒井左衛門尉를 비롯하여 예전의 동료들도 제가 원하던 바를 이루었다는 사실을 알게 되리라고 생각했기 때문입니다.

이즈모노카미出雲守 **시마다** 원수를 갚을 경우에는 미리 막부에 신청하여 장부에 기록해야 하는데 어찌하여 자네는 정식 절차를 밟지 않았는가.

헤이하치로 저도 정식으로 신청하고 싶었지만 어쨌든 번을 떠난 몸이라 꺼려졌습니다. 【이 변명을 들은 관리들은 "하긴 그랬기도 했겠군"이라며 동정적으로 헤이하치로의 행동에 이해를 표명했다.】

오스미노카미大隅守 **와타나베** 당신은 칼로 몇 번 만에 진노스케를 처치했는가.

헤이하치로 일곱 번 만에 처치했습니다. 부하가 뒤에서 친 것을 합하면 여덟 번입니다만.

시마다 (부하에게) 거참, 기특한 놈이군, 몇 살인가?

부하 스물넷입니다.

시마다 고향은 어딘가? 비천한 자이기는 하나 오슈奧州지방에 이런 장한 자도 있구나(라고 절찬). 【헤이하치로도 "이번 복수는 나보다 부하가 더 열심히 활약했습니다"라고 한마디 거들었다.】

이와 같은 내용으로 볼 때 막부는 헤이하치로에게 대단히 호의적이었다. 재판소의 관리들뿐만 아니었다. 이 복수사건은 당시 에도에 평판이 자자했고 사람들은 가타오카 헤이하치로와 그 부하의 멋진 활약을 절찬했다. "칭찬이 온 에도에 퍼졌다"고 에도에서 온 편지는 전하고 있다.

의형제의 결연

그럼에도 불구하고 이 이야기는 후세에 전해지지 않았다. 히라데 고지로平出鄕二郎나 지바 가메오도 이런 복수사건이 있었다는 사실조차 몰랐던 것 같다. 『신편 쇼나이인명사전新編庄內人名辭典』(1986)에 '의사義士'라고 기재되어 있을 뿐, 내용도 앞에서 말한 '에도에서 온 편지'와 조금도 다르지 않았다. 에도에서 그토록 소문이 자자했던 복수사건이었는데 대체 어찌된 일일까.

사실 복수한 당일 재판소에서는 다음과 같은 일이 더 있었다.

가가즈메加々瓜 헤이하치로는 이치사부로와 의형제의 연을 맺고 있었다고 하는데 그 말이 사실인가.

쓰지 가가에몬辻加賀右衛門 피를 나눈 형제는 아니지만 평소 두 사람은 아주 친하게 지내고 있었습니다. 흔히 볼 수 있는 '의형제의 결연'이라고 할 수 있는 뭐 그런 것입니다.

결론적으로 말하면 바로 이 때문에 가타오카 헤이하치로의 복수는 후세에 전해지지 않은 채 잊히고 말았을 것이다. 아카이시 아이타로의 쾌거가 그 어머니의 분방한 남성편력 때문에 전국적인 지명도를 얻지 못한 것처럼 헤이하치로의 복수 역시 의형제라는 남성 간의 성애관계가 배경에 있었기 때문에 후세 사람들의 관심을 받지 못한 채 끝나버린 것으로 추측할 수 있다.

| **무사도의 꽃** | 나중에 자세히 다루겠지만 전국시대에서 에도 초기에 걸쳐 남성들의 성애관계는 '슈도衆道' 또는 '의형제의 결연'이라고 불리며 무사들 세계에 |

서 크게 유행했다. 그리고 그것은 일탈된 성관계라는 이상한 취급을 받기는커녕 오히려 '무사도의 꽃'으로 찬미되곤 했다. 헤이하치로의 복수가 막부를 비롯하여 당시 사람들로부터 대단한 갈채를 받은 것은 헤이하치로가 '의형제＝연인'의 원수를 갚았기 때문이라는 점도 포함되어 있을 것이다.

남자들의 눈부신 사랑과 복수.

하지만 에도 중기 이후 정치적·사회적으로 남자들의 동성애衆道

풍조가 쇠퇴하면서 예전 무사도의 꽃이라 일컬어졌던 동성애로 인한 복수도 인기를 잃고 사람들의 기억에서도 점차 희미해져 갔다.

고쇼小姓**와 조리토리**草履取

가타오카 헤이하치로의 복수가 있은 지 17년 뒤인 1687년 에도에서 복수사건이 발생했다. 오와리尾張[11]의 번사 아사히 시게아키朝日重章는 그 사건을 다음과 같이 기록하고 있다.[12]

11월 29일, 에도의 메지로目白에서 주인의 원수를 갚은 사건이 발생했다. 지난해 아와지노카미淡路守의 고쇼(15세)를 그의 동료(20세)가 칼로 찔러 죽인 사건이 있었는데 자는 틈을 타 목을 쳤다고도 한다. 그 후 죽은 고쇼를 모시던 그의 부하(조리토리)가 주인의 원수를 갚은 뒤 당국에 이 건에 대해 호소했다. 그리하여 오쿠보뵤부大久保兵部측에서 조사한 후 그 부하의 공적을 인정하기로 하고 즉시 봉록俸祿을 주기로 했다.

지난해 주군을 가까이서 모시던 고쇼小姓가 동료를 살해한 뒤 자취를 감추었다. 그런데 살해당한 고쇼를 모시던 부하가 주인의 복수를 하자 그 공적을 칭송하여 즉각 봉록을 주고 가신家臣으로 삼았다

---

11 현재 아이치현愛知県 나고야名古屋.
12 『鸚鵡籠中記』(名古屋叢書續編 9~12), 1978~79.

는 것이다.

이와 같은 내용을 일기에 기록한 아사히 시게아키는 당시 14세로 추정된다. 다다미부교疊奉行[13]에 취임하기 무려 13년 전의 일이다. 게다가 이 복수사건은 그가 에도에서 직접 보고 들은 것이 아니었기 때문에 사람 이름이나 나이, 날짜 등이 과연 어느 정도 정확할지 매우 의심스럽다.

따라서 일단 이 복수사건에 대한 정보가 오와리(나고야)에 있던 그에게 전해졌다는(당시에는 그 정도로 평판이 자자했다) 것을 전제로 하고, 세부적인 내용은 그가 가장 신뢰하는 정보제공자가 있었을 것이라 추측해보는 수밖에 없다.

그 정보제공자로 추측되는 사람은 바로 아마노 야고에몬天野弥五右衛門이다. 당시 그는 67세, 막부의 가신이었다. 게다가 그의 집도 에도의 시타야이나리초下谷稲荷町[14]에 있었다고 하니 연령이나 사회적으로는 물론 지리적인 면에서도 에도에서 멀리 떨어진 오와리에 있던 아사히 시게아키보다 훨씬 신뢰가 간다. 더구나 아마노 야고에몬은 이 복수와 관련된 관계자 중 한 명이었다고 하니 이 이상의 정보제공자는 없었으리라. 그가 남긴 기록에 의하면 사건의 전말은 대략 다음과 같다.[15]

---

13 에도 성내의 방(객실)이나 각 관공서의 다다미疊를 관리하고 제작하고 교체하는 업무를 맡아함.
14 시타야구下谷区는 예전 도쿄에 있었던 구. 현재 다이토구台東区 히가시우에노東上野.
15 『思忠志集』(國立公文書館内閣文庫藏).

**죽은 주인의
동생이 되어**

지혜의 명군으로 알려진 이즈노카미伊豆守 마쓰다이라 노부쓰나松平信綱는 아마노 야고에 몬天野弥五右衛門에게는 외삼촌에 해당한다. 노부쓰나의 딸 중 한 명(아마노 야고에몬의 사촌)이 아키모토 다다토모秋元忠朝와 결혼을 하자 마쓰다이라 가家의 가신 시바사키 타헤柴崎太兵衛도 아가씨를 따라 아키모토가로 옮겼다. 시바사키 타헤의 차남은 6천 석의 하타모토旗本16 나가토노카미長門守의 고쇼로 고용되었다.

그런데 7월 6일 밤, 타헤의 차남이 숙직하던 중 동료 고쇼에게 살해당했는데 당시 그의 나이 21~2세에 불과했다고 한다. 살해당한 이유는 알 수 없었다. 가해자는 담장을 넘어 도망친 뒤 자취를 감추었다. 한편 차남에게는 그를 4~5년 정도 모시던 조리토리가 있었다. 그 조리토리는 주인의 죽음을 분하고 원통하게 여기고 주인의 아버지 시바사키 타헤와 형을 찾아가 복수하고 싶다고 했다. 그리고 자기의 칼은 아무 쓸모가 없으니 죽은 주인의 칼을 물려달라고 했다. 이때의 상황을 야고에몬은 다음과 같이 기록하고 있다.

바라건대 주인의 칼을 저에게 주십시오. 제 칼은 짧고 주인의 칼은 아주 잘 듭니다. 원수를 꼭 갚고자 하니 황공하지만 칼을 주시기 바랍니다. 주인께서는 원통한 마음에 마음 편히 황천에 가지도 못할 것입니다. 그러니 제가 원수를 갚아야 합니다.

---

16 에도시대 쇼군에게 직속된 무사. 쇼군을 직접 만날 수 있는 녹봉 만석 이하 500석 이상인 자.

죽은 주인이 마음 놓고 저승으로 떠날 수 있게 꼭 원수를 갚고 싶다, 만약 죽은 주인의 칼을 주신다면 그것을 적당한 길이로 다듬어 허리춤에 찰 수 있게 만들 것이며 그 칼로 원수를 갚으면 주인도 땅속에서 필시 기뻐할 것이라고 말했다.

조리토리의 제의에 아버지와 형은 감격했다. 아버지는 늙었고 형은 다른 가문을 섬기는 신세였다. 그렇지 않아도 자식과 동생의 원수는 갚을 수 없다는 규정 때문에 대신 복수를 해 주겠다는 조리토리의 제의는 감히 바라지도 못한 일이었다. 이리하여 시바사키 가에서는 조리토리에게 칼을 주었을 뿐만 아니라 시바사키라는 성까지 주었다. 이름도 없던 조리토리가 시바사키 덴베柴崎伝兵衛로 개명한 뒤 죽은 주인의 동생 자격으로 담당관청에 복수를 신청했다. 그리고는 아무 거리낌 없이 원수의 행방을 찾아다니기 시작했다.

시간은 흘러 11월 28일 오후, 고히나다카이타이小日向改替**17**에서 마침내 원수와 마주친 덴베는 상대가 미처 칼을 빼들기도 전에 재빨리 머리를 내리친 다음 어깨를 쳐 쓰러뜨렸다.

당신은 자고 있던 주인님을 불시에 습격하여 죽인 인과응보로 나같이 천한 몸에게 당하게 된 것이다. 이 칼은 주인이 지니던 것이니 이 칼을 받아라.

---

17 【저자 주】 현재 도쿄의 신주쿠구新宿区 가이타이초改代町. 아사히 시게아키朝日重章는 '메지로目白'라고 기록했는데 이곳은 메지로와 가까움.

시바사키 덴베는 "이것은 죽은 주인이 애용하던 칼이다. 이 칼 맛을 보여 주겠다"고 말하고는 일격을 가한 뒤 다시 상대방의 칼을 빼서 가슴을 찔렀다. 그리고 그곳에 있던 사람에게 칼을 빼지 말라고 한 뒤 근처에서 막부의 검사역檢使役[18]을 기다렸다.

원수를 갚은 사건이 발생하자 즉시 마치부교소町奉行所[19]와 지샤부교소寺社奉行所에서 검사檢使가 파견되었는데 솜씨 좋게 원수를 처리한 것을 보고 모두들 감탄했다. 그중에서도 지샤부교소의 한 관리는 "주인의 원수를 갚은 뜻이 갸륵하다"고 덴베에게 속삭인 뒤 짐 꾸러미에서 쇠사슬 두건鎖頭巾[20]을 꺼내 주며 "인연이 있으면 또 만나겠지"라는 말을 남기고 떠났다고 한다. 이 얼마나 멋진 일인가.

그건 그렇고 주인의 원수를 갚은 덴베를 절찬하는 소리가 폭풍우처럼 몰아쳤다. 죽은 주인의 아버지인 시바사키 타헤가 기뻐한 것은 물론이다. 하지만 타헤의 주인 아키모토秋元 씨는 신분이 낮아 봉록이 적었기 때문에 그는 물론이고, 타헤도 경제적 여력이 없어 덴베에게 충분한 보상을 해줄 수가 없었다. 하지만 걱정할 필요는 없었다. 덴베는 스타가 되었기 때문이다.

얼마 지나지 않아 덴베를 부하로 삼고 싶다는 다이묘大名[21]가 나타나 그는 번의 무사로서 멋지게 제2의 인생을 출발할 수 있었다. 평

---

18 에도시대 할복하는 현장에 참석하여 끝까지 지켜보던 관리.
19 마치부교는 에도시대의 관직명. 영내領內 도시부의 행정, 사법을 담당하던 직위.
20 겉을 천으로 싸고 속을 쇠사슬로 짠 두건.
21 원래는 지방에서 세력을 부리는 사람을 일컬었지만 차츰 무가사회에서 많은 토지나 부하를 소유한 무사를 가리키는 말이 됨. 지방영주.

판이 높은 충복을 부하로 삼은 다이묘도 득의만면하여 덴베를 '진정한 무사'라고 칭송하며 영지로 데리고 갔다고 한다. 그 다이묘는 히젠노카미肥前守[22] 마쓰라 시게노부松浦鎭信였다. 그의 적자嫡子인 이키노카미壱岐守 다카시棟의 부인이 마쓰다이라 노부쓰나의 딸이었기 때문에 덴베를 우선적으로 부하로 삼은 것으로 보인다. 그리고 마쓰라 시게노부가 시바사키 덴베를 면접할 때 동반했던 자가 바로 아마노 야고에몬이었다.

화합和合**의 인연** 이 복수사건은 야고에몬과 이 정도로 관련이 깊었다. 그런데 그는 덴베가 죽은 주인의 복수를 결심한 진짜 이유를 다음과 같이 말했는데 그 부분에 주의를 기울여 볼 필요가 있다.

"덴베, 충의의 용기가 있다고는 하지만 실은 주종화합主從和合의 인연."

즉 조리토리草履取였던 덴베가 주인의 원수를 갚은 것은 충의 때문이었으며 깊은 충정으로 인해 용기를 낼 수 있었다. 그러나 그뿐만이 아니었다. 죽은 고쇼와 그를 따르던 조리토리인 덴베, 두 사람은 '화합의 인연', 즉 특별한 관계를 맺고 있었다.

'화합의 인연'이라는 표현이 있다고 해서 즉각 동성애적인 관계를

---

[22] 현재 사가현佐賀県 및 나가사키현長崎県 일부.

떠올리면 성급하다고 비판받을지도 모르겠다. 하지만 위 문맥으로 봤을 때 일단 그렇게 해석해도 문제가 없을 것으로 보인다. 또한 에도시대 전기까지 주인과 조리토리 사이의 육체적 관계가 전혀 드문 일도 아니었다는 사실을 고려하면 두 사람 사이는 의심할 여지가 없을 것이다(조리토리를 둘러싼 동성애 풍속에 대해서는 저자의 『에도번저모노가타리江戶藩邸物語』 참조). 그렇기 때문에 덴베는 죽은 주인의 동생, 즉 의형제의 동생 자격으로 관청에 복수를 신청하고 주위에서도 승인했음에 틀림없다.

참고로 아마노 야고에몬은 "주인이 동료의 짐을 훔쳤다는 의심을 받자 자신의 범행이라고 자백한 뒤, 주인 대신 사형당한 조리토리"에 관해서도 기록하고 있다. 그런데 사건이 발생한 지 2~3년이 흐른 후 실은 청소담당이 저지른 범행이었다는 사실이 밝혀지자 사람들은 모두 뜨거운 눈물을 흘렸다고 한다. 이 조리토리의 자기희생 역시 단순한 충의에서 이루어진 행위만은 아니었을 것이다. 역시 사랑 때문이었다.

시바사키 덴베의 복수는 에도시대 전기 무사사회에 있던 남성들의 끈끈한 유대관계의 실상을 여실히 보여 주는 사건이었다. 하지만 이 사건 또한 히라데 고지로의 『복수』를 비롯하여 1957년 간행된 『국사대사전國史大辭典』에도 다루어지지 않았다.

사건 당시 히라토 번平戶藩[23]의 번주 마쓰라 시게노부松浦鎮信가

---

23 현재 나가사키현長崎県.

"유례를 찾아볼 수 없는 충절"이라고 절찬하고, "세상에 육친의 복수나 원한에 의한 살해는 얼마든지 있지만 이런 복수는 드물다"고 하며 몹시 감격했을 만큼 이상적인 복수였음에도 불구하고 말이다.

슈도衆道의 복수에 관한 기억

히라데平出 등 연구자들이 이런 종류의 복수에 대해 전혀 몰랐다거나 의식적으로 무시했다고 말하려는 것은 아니다. 교호享保(1716~36) 무렵 에도의 소센지總泉寺에서 기슈紀州의 낭인 시미즈 신지로淸水新次郎가 유녀 아키시노秋篠와 협력하여 쓰루오카 덴나이鶴岡伝内를 죽인 원수 군조軍藏에게 복수한 사건은 히라데의 『복수』와 지바의 『신판일본복수이야기』에 상세히 소개되어 있다.

이야기의 사실성史實性 여부를 두고 에도학의 대가 미타무라 엔교三田村鳶魚 등은 "뜬금없는 거짓말이자 근거 없이 날조된 것"(『복수』)이라고 단호히 부정했지만 어쨌든 복수에 관한 유명한 이야기이다. 아카이시 아이타로赤石愛太郎에 관해서는 1줄, 다섯 글자밖에 다루지 않았던 지바千葉도 이 사건에 대해서는 5페이지 넘게 할애하고 있을 정도이다.

그런데 1754년 무렵의 작품으로 보이는 『근대공실업비록近代公實嚴秘錄』에 의하면 쓰루오카 덴나이는 시미즈 신지로와 "평소 형제의 인연을 맺고 있던 염우念友[24]의 관계"였다고 한다. 두 사람이 의형제의 정을 나누던 사이였다는 것이다.

그림 같은 슈도衆道의 복수. 히라데는 이 소센지에서의 복수를 '친구를 위한 복수'로 분류했다.

추측컨대 남색관계에 있었음에 틀림없다. 도쿠가와德川시대, 즉 중세 무렵까지는 남색이 왕성해서 염우念友라든지 염자念者라 하여 부부나 형제도 근접할 수 없을 만큼 애정관계에 몰두했다. 그리하여 질투, 시기심으로 인해 결투가 벌어지고 한 쪽이 누군가에게 당하면 또 다른 한 쪽이 복수를 위해 또 다시 사람을 죽이는 일이 그 시대 소설에는 끊임없이 등장한다. 그런 일은 소설뿐만 아니라 실제로도 상당히 많이 있었을 것이라고 생각한다.

남색과 관련된 복수가 꽤 많았다는 사실은 히라데도 인정하고 있다. 다만 소설이나 희곡에는 그런 내용이 많지만 역사적인 사실로 확인할 수 있는 부분은 적다는 의미일 것이다.

문학작품의 소재가 된 슈도의 복수. 분명 사이카쿠西鶴[25] 등의 작품이나 가부키歌舞伎, 조루리淨瑠璃[26] 등에는 슈도의 갈등, 즉 남성들 사이에 벌어지는 사랑의 다툼으로 인해 발생한 싸움과 복수에 관한

---

24 남색관계를 맺는 것. 또 그 상대.
25 이하라 사이카쿠井原西鶴(1642~1693) : 에도시대 오사카에서 활동. 『호색일대남好色一代男』을 비롯하여 당시 풍속을 중심으로 한 작품을 많이 씀.
26 일본의 전통악기인 샤미센三味線을 반주로 하여 연주가가 대사를 읊는 극장음악, 음곡音曲을 말하며 연주가가 노래뿐만 아니라 극중 인물의 대사, 동작, 연기묘사를 함.

이야기가 정말 많이 등장한다.

비단 에도시대 전기에만 해당되는 일은 아니었다. 아쿠다가와 류노스케芥川龍之介의 「어느 복수이야기或敵打の話」, 이케나미 쇼타로池波正太郎의 「흥분興奮」, 「파문波紋」 등 단편소설에도 자주 등장한다. 하지만 슈도를 소재로 한 이런 문학작품도 요즘은 대부분 잊혀져버린 존재가 된 것 같다.

이설異說
『**추신구라**忠臣藏』

여기서 유명한 아코赤穗무사들의 복수 사건赤穗事件[27]을 예로 들어보기로 하자. 이 사건을 소재로 한 작품 중 가장 먼저 떠오르는 것은 『가나데혼추신구라仮名手本忠臣藏』[28]이다.

이 작품에서는 사건의 발단을 기라吉良가 아사노淺野의 부인에게 연정을 품었기 때문이라고 보았다. 즉, 고노 모로나오高師直(기라 요시

27 아코赤穗는 현재 효고현兵庫県 아코시赤穗市. 1701년 3월, 에도성江戸城에서 아코 번의 번주 아사노 나가노리淺野長矩가 기라 요시나카吉良義央를 칼로 찌르는 사건이 발생, 다음 날 아사노는 할복하고 가문이 단절되지만 기라는 아무런 문책도 받지 않음. 사건이 발생한 지 1년 10개월 후 때를 기다리던 아사노 가의 무사들이 기라의 저택에 난입하여 기라를 죽이고 주군의 원수를 갚은 사건. 이후 이 사건은 다양한 장르의 모티브가 됨.
28 인형극인 닌교조루리人形浄瑠璃와 가부키歌舞伎의 대표적인 명작. 엔야 한간은 막부집사였던 고노 모로나오가 못살게 굴자 견디다 못해 모로나오를 죽임. 그 후 한간은 사건의 책임을 지고 할복하고 가문은 단절됨. 한간의 부하들은 유곽 등을 돌아다니며 방탕한 날들을 보내는 등 절대 복수는 못 할 거라고 모로나오 측이 방심하고 있을 때 모로나오의 저택에 침입하여 그의 목을 베어 주군의 원수를 갚는다는 내용.

나카吉良義央를 말함)가 엔야 한간塩谷判官(아사노 나가노리浅野長矩를 말함)에게 심한 모욕을 주었는데, 그 원인은 모로나오가 한간의 부인(가호요)에게 연애편지를 보내며 구애했지만 거절하는 답장을 받았기 때문이라는 것이다.

다케모토좌竹本座의 『가나데혼추신구라』는 1748년 초연되었다. 그런데 그보다 앞선 1711년 간행된 우키요조시浮世草子[29] 『추신부도하리마이시忠臣武道播磨石』에는 기라와 아사노가 대립한 원인이 전혀 다르게 전개되어 있다. 이 작품에서는 사건의 발단을 오바나 우몬尾花右門(기라 요시나카)이 이나미노 단게印南野丹下(아사노 나가노리)의 미소년 고쇼小姓를 연모했기 때문이라고 했다. 비뚤어진 사랑으로 인해 사건이 발생했다는 점은 같지만 기라가 연모한 대상은 아사노의 부인이 아니라 고쇼이다. 즉 기라와 아사노 사이에 벌어진 '미소년 쟁탈전'이 사건의 발단으로 설정되어 있는 것이다.

이 책이 나온 지 6년 후인 1717년 출판된 『충의태평기대전忠義太平記大全』도 내용은 거의 비슷하다. 조정의 칙사勅使 및 원사院使의 접대를 맡으라는 분부를 받은 이나미노 단게, 즉 아사노 나가노리에게 막부에서는 유식고실有職古實에 능통한 오바나 우몬, 즉 기라 요시나카한테 의식儀式의 전반에 대해 배우라는 명령을 내렸다. 우몬으로

---

29 에도 중기 오사카 등지를 중심으로 유행한 소설의 한 형태. 1682년 성립한 이하라 사이카쿠井原西鶴의 『호색일대남好色一代男』이 시초. 사회의 풍속묘사 및 현실에서 일어난 사건, 인간의 기분을 있는 그대로 표현하고자 한 소설로 남녀의 연애를 그린 호색물好色物, 무사의 생활을 그린 무가물武家物 등이 있음.

부터 금 3백 냥과 준마 1필, 그리고 차 접대 담당 고쇼 3명을 당분간 빌려달라는 부탁을 받은 단게는 그 요구에 응했다. 그런데 그 후 빌려 준 고쇼 중 스기노조杉之丞를 달라고 우몬이 요구하자 단게는 딱 잘라 거절했다. 그러자 오바나 우몬은 분함을 참지 못하고 노골적으로 단게를 괴롭히기 시작했다.

대립의 불씨는 미소년 고쇼였다는 것이다. 그리고 보니 사건이 발생한 지 130여 년이 지난 후 초판이 간행된 『이로하문고伊呂波文庫』에서도 작자 다메나가 슌스이爲永春水는 '미소년 원인설'을 채택하고 있다.

아사노가 성에서 왜 기라를 칼로 찔렀는지에 대해서는 아직까지 명확히 밝혀지지 않은 상태이다. 예법을 지도해 달라는 부탁을 매몰차게 거절당한 데 대한 원한설도 주장되었지만 추측에 불과하고, 지병의 발작으로 인해 일시적 착란상태에 빠졌기 때문이라는 설도 확실하지 않다.

가장 그럴 듯한 설說은 소금을 둘러싼 아사노, 기라 양가兩家의 불화설(기라 가에서 제염기술의 전수를 요청했는데 아사노 측이 거부했다고 한다)이지만 그 역시 "제염기술을 절대 비밀로 한 것"도 아니었기 때문에 "역사적인 면에서 보면 모두 가설이고 픽션에 불과하다"[30]고 일축되었다.

진상은 여전히 미궁 속이다. '미소년 쟁탈설'은 너무 황당무계하다고 여기는 독자도 많을 것이다. 사실 후쿠모토 니치난福本日南도 메이지明治 말 간행한 『겐로쿠쾌거록元祿快擧錄』에서 "세상에는 흔히 기

---

30 赤穗市市史編纂編輯室, 『忠臣藏』 제1권.

이한 설을 내세우는 역사가가 있어서 아사노와 기라의 불화가 남색으로 인해 발생했다고 주장하는 자가 있다. 즉, 아사노가 총애하는 어린 미소년을 기라가 연모하여 달라고 했는데 아사노가 아까워하며 주지 않자 이에 기라가 앙심을 품은 것이 원인"이라고 하는 미소년 쟁탈설을 '기이한 설'로 치부하고 그와 같은 설을 깨끗이 부정한 바 있다.

겐로쿠元祿(1688~1704) 당시만 해도 전국시대戰國時代의 잔재가 남아 있어서 남색이 유행했다. 특히 제후諸侯들 사이에는 미소년이 크게 유행했기 때문에 무심코 들으면 "그런가?" 하고 여겨질 정도다. 하지만 당시 기라는 이미 61세의 백발노인이었는데 그런 사실을 고려하면 미소년 쟁탈전은 아니었을 것이다. 이는 필시 『추신부도하리마이시』 등 세속적인 책에서 나온 속설이다.

덧붙이자면 후쿠모토 니치난은 분쟁의 원인을 아사노 측에서 상당한 금품을 보내올 것으로 기대하고 있었는데 뜻대로 되지 않자 그 분풀이로 기라가 아사노에게 심한 치욕을 주었기 때문이라고 보았다. 기라가 우선시한 것은 돈이었다는 주장이다.

미소년을 둘러싼 쟁탈전

미소년 쟁탈설의 진위는 차치하고 니치난日南도 말한 바 있듯이 적어도 에도 전기 풍조에서는 이런 내용이 문학작품 속에 등장해도 전혀 이상하게 여겨지지 않았다는 것을 알 수 있다. 예를 들어 『송매어원松梅語園』이라는 책에는 다음과 같은 이야기가 실려 있을 정도이다.

마에다 도시쓰네前田利常(3대 加賀 번주)를 모시는 고고쇼小姓[31] 구조九藏는 유례를 찾을 수 없을 만큼 대단한 미소년이었다. 도시쓰네의 아들 마에다 미쓰다카前田光高는 예전부터 구조를 자기 수하에 두면 좋겠다고 생각했지만 도저히 아버지에게 대놓고 부탁할 수가 없었다. 생각다 못한 미쓰다카는 도시쓰네利常의 측근 다케다 이치사부로竹田市三郎와 상의한 뒤 그를 통해 아버지에게 가능성을 타진했지만, "그렇게 깊이 생각하고 있다면 본인이 직접 요청하면 될 일"이라는 대답이 돌아왔다. 그 말을 들은 뒤에도 미쓰다카는 여전히 머뭇거리며 이치사부로에게 "잘 부탁한다"고 매달릴 뿐이었다. 그러던 어느 날 밤, 마침 아버지와 동석한 자리에서 문 앞에 있던 이치사부로가 "이 기회에 부탁을 드려보심이……"라고 기회를 만들어 주자 미쓰다카는 드디어 "아버님, 구조를 저에게 주십시오!"라고 말했다.

이리하여 미소년 구조는 아버지로부터 아들에게 양도되었다고

---

31 주군을 바로 곁에서 모시며 잡무를 하는 성인식 올리기 전의 고쇼小姓.

근세의 미소년.
왼쪽 : 〈말을 탄 미소년若衆〉(東京國立博物館)
오른쪽 : 〈종몽동자상宗夢童子像〉(京都大學文學部博物館)

한다. 이 이야기가 성립된 정확한 시기는 알 수 없지만 1630~40년대로 추정된다. 당시 용모가 수려한 고쇼나 조리토리를 둘러싼 쟁탈전(좀 더 온화하게 말하면 간절한 소망과 양도)은 신기한 일이 전혀 아니었다.

하지만 오해는 하지 말기 바란다. 그렇다고 해서 추신구라忠臣藏의 발단이 기라와 아사노의 '미소년 쟁탈' 때문이었다고 주장하려는 것은 아니다. 다만 문학작품 속에서 칼부림 사태나 복수에 관한 이야기가 다루어지는 등 미소년 쟁탈전을 상정한 당시의 풍조와 또 그것을 납득하고 받아들인 광범위한 독자와 관중의 존재에는 역시 주목할 필요가 있을 것이다.

적어도 에도시대 전기까지는 무사들 사이에 싸움이나 복수사건이 벌어지면 으레 남성들의 동성애 문제를 떠올릴 만큼 사회적으로 넓고 깊게 침투해 있었다고 할 수 있다.

다카다노바바高田馬場의 결투

몇 년 전이었는지 정확히 기억나지는 않지만 문득 생각난 김에 다카다노바바(마장)의 유적을 탐방한 적이 있다. JR 다카다노바바高田馬場역에서 와세다早稻田 방면으로 걷다가 목적지로 보이는 장소에 도착하기는 했지만 옛날을 추억할 만한 실마리가 전혀 남아 있지 않아 허탈하게 되돌아 왔던 기억이 있다. 그때 사전조사도 제대로 하지 않은 채 그 유적을 찾아 나서게 된 계기는 아마노 야고에몬의 『사충지집思忠志集』에 다음과 같은 내용이 있었기 때문이다.

"다카다노바바, 승마와는 거리가 멀어지고 백골白骨을 버리는 곳으로 변함."

현재 신주쿠구新宿區 니시와세다西早稲田에 위치한 옛 마장馬場은 1636년 궁술, 마술 훈련을 위해 막부에서 설치한 후 쇼군이 바뀔 때마다 마상마술을 개최했다고 한다(『江戸名所図会』). 마장의 부지는 동서 약 654미터, 남북 약 55미터로, 1673~84년 무렵에는 원래 목적이었던 기사騎射 외에 조루리浄瑠璃와 곡예 등 예능도 활발했다고 기록되어 있다.

그랬던 마장이 백골을 버리는 곳으로 변했다고 1680년 아마노 야고에몬이 기록한 것이다. 백골이라고 해도 인골人骨이라고만 단정할 수 없으며 소, 말, 개, 고양이의 뼈도 포함되어 있었을 것이다. 아무리 그래도 쇼군이 바뀔 때마다 그것을 경축하여 마상마술이 화려하게 펼쳐지던 장소였는데, 마치 무연고 묘지처럼 변하다니 적잖이 놀라웠다.

그날 탐방을 재촉한 것은 그뿐만 아니었다. 마장은 나카야마 야스베中山安兵衛[32]가 결투를 벌인 사적지이기도 했기 때문이다. 1954년 말에 태어난 저자는 야스베의 '위태천韋駄天처럼 빨리 달린다'나 '18인의 결투'와 같은 이야기에 흥분하던 세대는 아니었지만 결투에 대해서는 대략 들어서 알고 있었다. 이렇듯 적어도 에도시대사를 연구

---

32 호리베 다케쓰네堀部武庸(1670~1703)를 말함. 에도 전기의 무사. 아코의 47인의 무사 중 한명. 47인 중에서는 최고의 검객으로 인기가 높고 에도 급진파江戸急進派라 불리는 세력의 리더격이었음.

하는 연구자로서 한 번쯤은 가봐야 한다고 당시 생각했던 것 같다.

**결투의
진실**

야스베가 마장에서 무라카미村上 형제와 사투를 벌인 것은 1694년 2월 11일, 아마노 야고에몬이 "백골을 버리는 곳"이라고 한지 14년이 지난 뒤이다. 그러므로 결투 당일에도 마장에는 백골의 파편정도는 널브러져 있었음에 틀림없다.

마장의 결투.

어쨌든 결투(칼싸움)가 벌어진 풍경은 연극이나 영화와는 딴판이었다. 많은 연구자들이 지적했듯이 현실은 극과 아주 달랐다. 숙부였다고 하는(혈연관계가 아니었다고 함) 스가노 로쿠로자에몬菅野六郎左衛門이 무라카미 형제와 마장에서 결투하게 되자 야스베가 조력자助太刀[33]를 맡은 것은 아무래도 사실인 것 같다. 하지만 야스베와 검술도장의 동문이었다고 하는 호소이 고타쿠細井光澤의 말을 기록한 『이로약전二老略伝』에 의하면, 상대측은 '형제 3명 및 조리토리 1명'으로 모두 4명(따라서 18인의 결투도 불가능했다)이었고 야스베는 로쿠로자에몬과 함께 결투 장소로 갔다고 한다. 그렇다면 야스베가 마장으로 위태천韋駄天처럼 빨리 달려가는 장면도 있을 수 없다.

무엇보다 결투는 이른 아침에 시작되었다. 싸움을 끝낸 야스베가

---

[33] 복수나 결투를 할 때 조력하거나 원조를 하는 일. 또는 사람.

아시가루足輕[34]를 만난 근처의 별장에서 목욕을 한 뒤 밥을 먹고 마장으로 다시 돌아온 것은 '시골에서 말이 나올 때', 즉 농부가 말을 끌고 밭에 나오기 시작할 무렵이었다.

다시 말해 결투는 60살 정도의 노인 스가노 로쿠로자에몬과 나카야마 야스베(25세), 그에 대적한 것은 4명으로 모두 6명뿐이었다. 굳이 말하면 결투는 조용히 이루어진 듯하다. 『이로약전』의 기록을 신뢰하는 한, 적어도 구경꾼이 몰려들어 울타리를 이룬 모습은 상상할 수 없다. 더구나 다스키襷[35] 대신 시고키扱帶[36]를 건네준 부인이 있을 리도 만무하다. 꼬투리를 물고 늘어지는 것은 이 정도로 하겠다. 『이로약전』에는 결투 후 사후처리에 관한 흥미로운 부분이 있는데, 이것을 소개하는 편이 무용담이나 연극의 픽션을 새삼스레 거짓이라고 하는 것보다 훨씬 생산적이라고 생각하기 때문이다.

매장된 시체

이 책에 의하면 무라카미 형제를 죽인 뒤 빈사 상태에 빠진 로쿠로자에몬을 메고 일단 마장에서 물러나온 야스베는 마장 근처에 있던 모 다이묘大名의 별장에 몰래 들어가 숙부를 눕히다가 마침 집안을 순찰하던

---

34 중세, 근세시대, 보통 때는 잡무를 담당하지만 전시에는 보병이 됨. 하급무사.
35 일을 할 때 옷소매를 걷어 올려 매는 끈. 양어깨에서 양 겨드랑이에 X자 모양으로 어긋나게 맴.
36 여자가 자기의 키보다 긴 옷을 키에 맞게 입기 위해 남은 부분을 치켜 올려 매는 띠.

아시가루足輕에게 발각되었다. 그런데 이 아시가루가 보통 인물이 아니었다. 야스베가 사정을 설명하자 아시가루는 "부상당한 노인이 어찌 견딜 수 있겠는가. 자결하게 해야 한다"고 말했다. 야스베가 숙부에게 자결을 권하자 숙부가 승낙했다. 그리하여 숙부가 할복하고 야스베가 목을 쳤다介錯. 그 후 아시가루가 관을 구해 와서 시신을 넣고 저택에 묻었다고 한다.

아시가루는 로쿠로자에몬의 상처를 확인한 후 살아날 가망이 없다는 것을 알고 빨리 자결하게 해야 한다고 야스베에게 권했다. 그리고 로쿠로자에몬이 죽자 관을 구해 온 뒤 둘이서 로쿠로자에몬의 시신을 매장했다. 별장지이긴 하나 주변이 화려하고 웅장한 저택이 늘어서 있는 다이묘 저택과는 반대로 밭이나 농가가 있는 시골의 한 구석이라고 볼 수 있는 곳이다.

그건 그렇고 아무리 그래도 어떻게 그럴 수 있었을까. 스가노 로쿠로자에몬은 이요 사이조伊豫西條[37] 3만 석의 성주 마쓰다이라 사쿄노다이부松平左京大夫의 부하로 어엿한 무사였다. 『이로약전』에 의하면 결투를 하기로 약속한 뒤 로쿠로자에몬이 야스베를 찾아가 처자妻子를 부탁했다는 것으로 보아 로쿠로자에몬에게는 에도에 처자도 있었던 것 같다. 그런데 왜 야스베는 로쿠로자에몬의 시신을 번저藩邸로 옮기지 않고 아내와 자식에게 마지막 대면도 하지 못하게 한 채 하필이면 다른 번의 별장지에 매장했을까.

---

37 현재 에히메현愛媛県의 마쓰야마시松山市.

물론『이로약전』의 내용을 있는 그대로 역사적 사실로 받아들이는 것은 위험하다. 도즈카 인시戶塚隱士의 「다카다노바바의 복수高田馬場の仇討」 등에서도 지적하고 있듯이 이 복수극에는 이설異說이나 속설이 아주 많기 때문이다. 하지만 역사적 사실 여부와는 별개로 로쿠로자에몬의 시신을 가족과 상의도 없이 야스베의 재량으로 매장한 것과 그런 이야기가 아무 의심 없이 사실로 회자되었다는 것은 중요한 의미를 지닌다.

**숙부와
조카의 결연**
　　　　　　　나카야마 야스베와 스가노 로쿠로자에몬의 관계에 대해서는 모구설母舅說[38]과 제부설諸父說[39] 등이 있다. 도즈카 인시 및 역사적 사실을 자세히 조사했다고 자부하는 소설가 이케나미 쇼타로池波正太郎 씨 등은 '의붓 숙부설'을 택하고 있다.

　　도즈카 인시는 "다카다노바바 사건은 스가노 노인과 야스베 사이에 맺어진 숙부의약叔父義約에 따라 의리로 결투를 돕게 된 것"이라고 했고, 이케나미 역시 "스가노 로쿠로자에몬이 나카야마 야스베와 어디서, 어떻게 알게 됐는지 불분명하지만 어쨌든 젊은 야스베에게 조언도 해주고 여러 가지로 보살펴 주기도 했을 것이다. 일찍 부모를 여읜 야스베도 스가노를 따르게 되었고 두 사람은 숙부와 조카의 맹

38　三宅觀瀾, 『烈士報讐錄』, 1856.
39　室鳩巢, 『赤穗義人錄』, 1703~1709.

세를 했다"고 한다.[40]

의형제가 아닌 숙부와 조카의 맹세.

이 또한 당시 '남자 대 남자'의 유대관계 중 한 형태였다고 생각된다. 다시 말하지만 로쿠로자에몬을 매장한 장면은 요즘 감각으로 보면 적잖이 기이하고 이상하다. 어쨌든 평화로운 일상에 완전히 젖어있는 우리들로서는 이해하기 어려운 만큼, 그런 풍경은 생사를 같이하며 싸운 남자들의 정신적 풍토를 더욱 뚜렷이 보여준다고 할 수 있겠다.

| 또 하나의 칼싸움 | 그런데 여러분은 이 마장에서 '또 하나의 복수 사건'이 있었던 사실을 알고 있는지 모르겠다. |

저자가 가지고 있는 사본은 1875년 오카야 시게자네岡谷繁實[41]가 가지고 있던 소장본을 전사轉寫한 것인데 예전에는 이 이야기가 꽤 유포되고 있던 실록인 것 같다. 어쨌든 나카야마 야스베와는 전혀 관계가 없는『다카다노바바의 복수高田馬場敵討』로 줄거리는 대략 다음과 같다.

후쿠시마 마사노리福島正則의 가신 사쿠라기 도타櫻木藤太는 후쿠시마 가家가 멸망한 후 낭인이 되어 후시미伏見로 옮겨 살고 있었다. 그런데 역시 후쿠시마가의 신하로 예전 동료였던 이시야마 겐지石山

---

40 「史實と小說―高田馬場の決鬪」, 『地圖で見る新宿区の移り変わり―戶塚・落合編』, 東京都新宿区教育委員會, 1985.

41 오카야 시게자네岡谷繁實(1835~1920) : 다테바야시館林의 번사藩士, 국학자.

源次라는 자가 도타의 아내 오사이에게 가져서는 안 될 연정을 품었다. 아무리 해도 오사이가 사랑을 받아주지 않자 앙심을 품은 겐지는 도타를 죽여 버렸다.

남편을 잃은 슬픔으로 가득 찬 오사이는 5살 된 어린 아들 다케마쓰竹松를 데리고 에도로 갔다. 거기서 남편과 형제가 되기로 맹세한 가타야마 우젠片山右膳을 찾아가 복수할 수 있게 도와달라고 했다.

우젠은 예전 후쿠시마 마사노리福島正則를 모시던 무사였다. 당시 에도에 있던 지인의 도움으로 세월을 보내고 있었는데, 그의 미모에 첫눈에 반한 어떤 유부녀로부터 불륜을 강요당하자 그것을 피해 은거 중이었다. 하지만 원한을 품은 유부녀가 밤마다 꿈에서까지 나타나 괴롭힌 탓에 심신이 극도로 쇠약해져 죽음의 위기에 몰려 있었다.

그때 다쿠안澤庵선사의 법력으로 겨우 여인의 원념怨念을 떨쳐낸 우젠右膳은 사람들의 권유로 오사이와 부부의 연을 맺게 되었다. 원수인 겐지와 언젠가 만나게 될 것을 대비해 우젠은 어린 다케마쓰에게 무예를 가르쳤다. 세월은 흘러 다케마쓰도 어느덧 15세, 성인식을 올리고 신도타新藤太로 이름을 바꾸었다.

그러던 어느 날, 역시 후쿠시마 마사노리의 부하였던 가니 사이조可兒才藏를 만난 우젠과 신도타는 사이조로부터 뜻밖에 원수의 행방을 듣게 되고 사이조의 주선으로 두 사람은 승부를 가리게 되었다. 지정장소인 마장에서 두 사람은 죽음을 각오하고 격돌했다. 원수 이시야마 겐지는 이미 그들의 손에 죽게 되리라 예상하고 있었고 그리하여 복수는 멋지게 성공했다.

이상이 이 복수사건의 전말이다. 복수가 이루어진 해는 기록되어 있지 않지만 후쿠시마 가가 몰락한 해로부터 추정하면 1629년 무렵이었을 것으로 보인다. 그건 그렇고 결투 당일, 에도는 물론 근처에서 수많은 구경꾼들이 몰려들자 나들이 인파를 노린 찻집과 행상이 늘어설 정도였다.

『다카다노바바의 복수』에는 주인공들의 복장도 아주 자세히 기술되어 있다. 우젠이 가문의 문양이 찍힌 검은 고소데小袖(통소매로 된 평상복)에 쇠사슬이 들어간 머리띠를 하고 하얀 비단으로 된 끈으로 옷소매를 묶었고, 신도타는 검은 고소데에 무늬 없는 연노랑 비단으로 된 끈으로 옷소매를 묶고 표면이 오글오글한 흰색 비단으로 된 머리띠를 둘렀다. 뒤이어 가마를 타고 부랴부랴 달려 온 오사이는 "무늬 없는 하얀 옷 위에 표면이 오글오글한 붉은 비단옷을 입은 뒤 금실과 백실로 파도에 물떼새가 앉은 모습을 수놓은 광택이 나는 비단으로 된 겉옷을 입고 머리는 두 갈래로 나누어 둥글게 말고" 등에서 알 수 있듯 화려한 차림이었다.

결투 현장에 참관한 사람들이 이끌고 온 인원수도 어마어마했다. 젊은 무사若黨 6명에 가치徒士[42] 4명, 그 외에 몰려드는 구경꾼을 통제하기 위해 30명이나 되는 아시가루가 출근할 정도였다고 한다.

---

[42] 에도막부와 번에 소속되어 도보로 전투를 하는 하급무사를 말함.

**조작된
정경**情景

하지만 너무나 연극 같은 디테일로 알 수 있듯이 아무래도 이 복수가 벌어진 장면은 대부분 조작된 것으로 보인다. 예를 들어 등장인물 중 하나인 가니 사이조는 1613년, 즉 후쿠시마 마사노리가 몰락하기 6년 전 이미 죽었는데 그 점만 봐도 역사적 사실과는 거리가 멀다. 설령 어떤 사실을 모델로 해서 작성되었다고는 해도 실록『다카다노바바의 복수』는 대부분 픽션이라 볼 수밖에 없다.

하지만 이 이야기 속에는 단순히 역사적 사실인가 아닌가를 뛰어넘는 중요한 테마가 숨어 있다. 앞에서도 말했듯이 죽은 사쿠라기 도타의 부인과 그 아들을 도와 복수를 한 가타야마 우젠은 고인과 형제의 결연을 맺었다고 설정되어 있는데, 여기서 말하는 형제란 다름 아닌 의형제를 말한다. 이 점에 주목하여 다시 한 번『다카다노바바의 복수』를 살펴보기로 하겠다.

우젠이 마사노리의 고쇼로 고용되어 있을 당시 그는 대단한 미소년이었다. 자연히 그를 흠모하여 연서를 보내는 무사들이 줄을 이었다. 그중에서도 사쿠라기 도타가 열정적이어서 마침내 두 사람은 정을 통하게 되었다. 우젠은 도타와의 사랑을 위해 몰래 도타를 자기 방에 들어오게 했다. 하지만 우연한 계기로 발각되어 두 사람은 주군 마사노리로부터 엄중한 추궁을 당했다. 두 사람 다 죽음을 면치 못할 일이었지만 마사노리는 숨기지 않고 사실대로 말한 우젠의 용기와 도타의 대담함에 감동을 받아 두 사람을 살려 주었다.

그뿐만 아니다. 도타를 불러 이렇게 말했다고 한다. "우젠을 너에게 줄 것이니 뜻대로 하라"고 특별히 두 사람의 관계를 승낙했다. 마음껏 연모의 정을 이루어도 된다는 허락이 떨어진 것이다. 주군으로부터 사랑을 보증 받은 도타와 우젠은 그 후 수없는 육체관계를 나누었을 것이다. 사랑하는 남자들. 달리 말해 이 '복수'에서 원수 이시야마 겐지는 아버지의 원수, 남편의 원수임과 동시에 우젠으로서는 다름 아닌 '형 = 연인'의 원수였던 것이다. 이 복수 이야기도 요즘에는 거의 대부분 잊히고 말았다.

한편 나카야마 야스베의 결투 역시 경쾌하고 연극 같은(아니 연극 그 자체의) 장면이 몇 번이나 재현되기도 했지만, 백골이 나뒹구는 마장의 정경이나 근처 별장에 조용히 매장된 스가노 로쿠로자에몬의 시신에 사람들이 관심을 보낸 적은 없었던 것 같다.

잊혀져버린 다카다노바바.

하지만 바로 이런 점이 에도시대 전기 무사들 세계에서 남성들 간의 유대의 형태 및 사체死體에 대해 가지고 있던 역사적인 감정을 자극적으로 시사해 준다는 것을 고려하면 저자로서는 적어도 잊혀져버린 사실의 중요성을 새삼 통감하게 된다.

에도江戶에서 메이지明治로

무르익은 성의 문제. 슈도衆道, 의형제 등 남자들 간의 끈끈한 유대.

여기서 에도시대 무사의 세계로 눈을 돌려보고자 한다. 하지만 21세기를 맞이한 지금 2백 년에서 4백 년 전의 세계로 다짜고짜 독자를 몰아넣는 것은 좋지 않을 것 같다. "그런 옛날 일 따위 무슨 상관이람!"이라며 대충 훑어본 뒤 던져버리지 않을까 우려되기 때문이다. 그렇지 않아도 테마가 테마인 만큼 독자들은 이 문제에 대해 어느 정도 예비지식과 저항력을 가져주었으면 좋겠다.

이러한 이유로 다음 장에서는 우선 메이지 이후 근대의 동성애적 풍경을 살펴보고자 한다. 그렇게 함으로써 먼 과거의 이야기이긴 해도 특수한 취향을 가진 사람들에게만 해당되는 현상이 아니었다는 사실을 충분히 알 수 있게 될 테니 말이다.

그럼 에도보다는 훨씬 가까운, 증조부들의 젊은 시절로 시간여행을 해보기로 하자.

주마간산.

수박 겉핥기식의 여행이 되겠지만 그래도 분명히 확인할 수는 있을 것이다. 우리가 상상하는 이상으로 할아버지들의 청소년기가 성적性的으로 빛나고 있었다는 것을 말이다.

제2장

그대君와
나

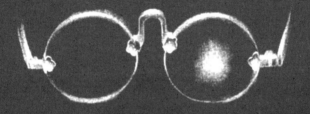

**미소년에
대한 동경**

1955년 6월부터 9월에 걸쳐 작가 기무라 쇼하치木村莊八[1]는 『요미우리신문讀賣新聞』에 「도쿄번성기東京繁盛記」를 연재하며 도쿄만의 다이바臺場[2]에 관한 추억담을 풀어 놓았다.

우리가 기억하는 다이바臺場는 5가지인데 그중에서도 "특히 많이 가는 곳은 제3 다이바", 미소년 둘이 노가 두 개 달린 배를 젓고 있으면 "배 안에 있는 것은 벚꽃인가 매화인가", 중학생 시절 우리는 그렇게 노래하곤 했다……

연재가 시작되기 반 년 전쯤 태어난 저자로서는 유감스럽게도 위와 같이 농염하고 아름다운 분위기를 실감할 순 없었지만 기무라木村의 소년시절, 당시 중학생들은 한 쌍의 미소년이 뱃놀이를 하는 정경을 "벚꽃인가 매화인가"라고 노래한 것 같다.

기무라 쇼하치는 1893년 8월 21일 도쿄 니혼바시日本橋에서 태어나 게이카京華중학교[3]를 다닌 자칭 '메이지 소년' 중 한 명이었다. 메이지 소년들에겐 그게 비록 미소년에 대한 동경이나 소년들 간의 사랑처럼 '비정상적인 체험'일지라도 다른 사람에게 털어놓지 못할 만

---

1 기무라 쇼하치木村莊八(1893~1958) : 서양화가. 수필가. 풍속수필에 뛰어나며 서민의 풍속과 역사를 이야기한 수많은 에세이가 있음.
2 도쿄만에 위치, 현재는 대규모 상업시설, TV방송국, 고층 빌딩 등이 늘어선 도쿄의 명소.
3 1897년(메이지 30) 설립.

큼 비밀스런 일은 아니었던 것 같다.

근대문학 가운데 이런 주제를 다룬 작품으로 특히 모리 오가이森
鷗外의 『이타섹슈얼리스ヰタ・セキスアリス』[4]가 유명하다. 주인공 가네
이 시즈카金井湛는 11세에 혼고本鄉에 있는 사립 독일어학교에 입학
했다. 집이 먼 탓에 아버지의 선배 아즈마東 선생의 집에서 다니게
되었는데 우연히 기숙사에서 처음으로 남색을 접하게 된다. 학교 선
배가 손을 잡고 뺨을 부비는 등 귀찮게 굴어 견딜 수 없는 지경에 이
르기도 하고 교제를 강요당했다가 거절하는 바람에 몽둥이찜질을
당할 뻔 했던 적도 있었다.

그 후 그는 13세에 도쿄영어학교에 들어간다. 그 학교 학생들은
이성에 대한 관심으로 머리가 꽉 찬 '연파軟派'와 소년애少年愛를 즐
기는 '경파硬派'가 있어서 그는 또 다시 경파의 희생양이 되었다. 더
구나 이번에는 기숙사 생활을 하게 되었기 때문에 집요하게 쫓아다
니는 사람이 많아서 매일 신변의 위험을 느껴야 했다. 다행히 같은
방을 쓰는 와니구치 유즈루鰐口弦가 동급생 중 최연장자인데다 남색
취향이 아니었기 때문에 겨우 보호받을 수 있었다. 와니구치는 외출
할 때에도 "내가 없으면 엉덩이를 노리는 바보 같은 녀석들이 또 덤
벼들지 모르니 조심해"라고 주의를 주었다.

『이타섹슈얼리스』가 자전적 색채가 아주 강한 작품이라는 것은 잘
알려져 있는 사실이다. 가네이 시즈카가 11세에 입학한 사립학교는

---

4 1909년(메이지 42) 발표. 제목은 라틴어로 '성욕적 생활'을 의미하는 'Vita sexu-
alis'에서 따옴.

저자 오가이가 같은 나이에 다니기 시작한 진문학사進文學社와 겹치고
아버지의 선배 아즈마 선생의 모델은 니시 아마네西周[5]라고 한다.[6]

| **동성 간의**
사랑 | 잘 알려진 바와 같이 이 작품이 게재된 잡지 『스바루ㅈᄉ゙ᄅ』[7]는 1909년 7월, 발행된 지 약 한 달 만에 풍속문란으로 발매금지 처분을 받았다. |

여성체험에 관한 이야기 등 개인의 성욕을 정면에서 다루었기 때문
이라는 이유였다. 하지만 동성애 묘사에 대해 당국에서 특별히 문제
삼지는 않았던 것 같다. 왜냐하면 그 일이 있기 2년 전인 1907년 6
월『와세다 문학早稻田文學』[8](제19호)에 아키다 우자쿠秋田雨雀[9]가 처
녀작「동성의 사랑同性の恋」을 발표했고, 문제의 잡지『스바루』가 발
행된 지 꼭 1년 후인 1910년 7월『시라카바白樺』[10](제4호)에도 역시
동성애를 다룬 구사카 신日下諗[11]의 처녀작「급사의 방給仕の室」이 실

---

5 니시 아마네西周(1829~1897) : 계몽사상가. 일본 근대철학의 시조이면서 철학
   에 그치지 않고 정치학자로서 막부 마지막 쇼군 도쿠가와 요시노부德川慶喜의 브
   레인으로 활약하며 현행 헌법제도의 선구라 일컬어지는 상징천황의 정치형태를
   제시함.
6 長谷川泉,『鷗外『ヰタ・セキスアリス』考』, 明治書院, 1986.
7 1909년에서 1913년까지 간행된 낭만주의적 월간 문예잡지.
8 와세다대학 문학부를 중심으로 한 문예잡지로 1891년 쓰보우치 쇼요坪內逍遥 창간.
9 아키다 우자쿠秋田雨雀(1883~1962) : 극작가. 동화작가. 사회운동가로 활약.
10 1910년 4월 창간하여 1923년 8월 폐간된 문예잡지, 미술잡지. 동인지.
11 구사카 신日下諗(1881~1960) : 구사카 신은 필명. 1910년 잡지『시라카바』창
   간에 참가.

렸기 때문이다.

「동성의 사랑」은 '나', 즉 야마카와山川와 철학을 배우는 연상의 '친구' 모리오카森岡의 특이한 관계를 그린 작품이다. 사랑하던 여성에게 배신당한 경험이 있는 모리오카는 병마와 싸우면서 그 여인을 꼭 빼닮은 야마카와에게 특별한 감정을 품는다. "우리 둘은 머나 먼 영겁永劫에 남녀의 사랑으로 맺어져 있었는지 모르겠군. 그대"라고 말하는 나에게 친구는 웃으며 "그런데 운명의 여신의 질투로 이렇게 덧없이 남자 간의 사랑에 빠지게 됐는지 몰라"라고 대답했다.

아키다 우자쿠는 작품의 첫머리에 "뭐라고 말해야 좋을까? 역시 사랑이다. 남자끼리의 사랑! 이것만큼 이상한 것은 없다. 혼과 혼이 합쳐지는 것, 예전에는 육체적인 결합도 있었던 이런 남자 간의 사랑보다 더 격렬한 것은 없다"고 흥분된 어조로 남자 간의 사랑을 외치고 있다.

나(야마카와)와 친구(모리오카) 사이에 육체관계는 없었던 것 같다. 그에 비해 「급사의 방」은 보다 노골적이고 자극적인 장면의 연속이다. 지면 관계상 여기서 소개하지는 않겠지만 작품의 분위기는 고미야 도요다카小宮豊隆가 "능숙하기는 하지만 불쾌한 기분이 들었다. 그렇지만 기분을 나쁘게 할 만큼 강력한 집착이 있는, 전편全篇에 풍기는 분위기가 어딘지 사람을 끌어당기는 마력을 가지고 있다"[12]고 평한 것으로 미루어 짐작할 수 있다.

---

12 「해제」, 『明治文學全集』 76, 筑摩書房, 1973.

당시 『시라카바』의 동인이었던 사토미 돈里見弴은 이 작품에 대해 "남자끼리의 변태성욕을 그린 것으로 당시 유명했던 작품이다. 다니자키谷崎[13] 군조차 그 방면으로는 아직 손대고 있지 않던 시절이었다"고 말했다. 사토미는 또 「급사의 방」을 다니자키 준이치로谷崎潤一郎가 격찬한 것에 대해 가벼운 반감과 동시에 구사카에 질투심을 느꼈다고 했다. 어쨌든 상당한 화제작이었던 것만은 분명하다.

명문가의 인텔리 청년

작품의 내용보다 더 주목하고 싶은 것은 "기학적嗜虐的인 동성애에 관한 이야기가 일정 수준에 도달해 있다"[14]고 평가된 이 작품의 저자가 실은 대단한 집안 출신이라는 점이다.

구사카 신. 본명은 오기마치 사네요시正親町實慶, 1887년 도쿄 출신. 아버지 사네마사實正는 백작을 수여받고 4차례나 귀족원에 당선된 소위 근대 일본의 전형적인 명문가 출신이었다. 12세부터 3년간 시종직으로 궁중에서 일한 뒤 갓슈인學習院[15] 중등과에 진학, 그 후

---

13 다니자키 준이치로谷崎潤一郎(1886~1965) : 소설가. 미美와 성性에 탐닉하는 관능세계를 그린 유미적唯美的인 작가로서 문단에 등장. 간사이關西지방으로 이주한 후 고전적, 일본적인 미의식을 깊이 추구하는 명작을 남김.

14 「해제」, 『明治文學全集』 76, 筑摩書房, 1973.

15 제2차 세계대전 전에는 평민들의 입학은 극히 한정되어 있던 화족華族을 중심으로 한 상류계급 학교. 2차 대전 후 화족華族제도의 폐지로 사립학교법인으로 재출발. 하지만 현재에도 황족皇族들이 다니는 학교로 전전 화족중심의 학교라는 성격이 남아 있음.

고등과를 거쳐 도쿄제국대학 법과대학 경제과에 입학, 1914년 졸업한 뒤 일본흥업은행日本興業銀行에 취직했다.

「급사의 방」을 발표한 것은 도쿄제국대학에 재학 중이던 24세 때이며, 그 후 소설과 단가短歌 몇 편을 『시라카바』에 발표했지만 26세에 절필했다고 한다. 이렇듯 아키다 우자쿠나 구사카 신처럼 장래가 약속되어 있던 인텔리 청년이 동성애 테마에 몰두하여 처녀작을 내놓은 것이다.

홍몽루주인紅夢樓主人[16]의 『미소년론』

1911년 저널리스트 겸 풍속연구가였던 미야다케 가이코쓰宮武外骨[17]가 홍몽루주인의 『미소년론』을 출판했다. '동서동성색정사東西同性色情史'라는 부제로 알 수 있듯 남색론男色論에 관한 내용으로 "남색의 발생동기, 일반적 특성에서부터 동서 각국의 계간사鷄姦史까지 기술"한 책이다(城市郎, 『發禁本』). 하지만 사전검열에서 출판이 미루어지게 된 것으로 보이며, 결국 이 작품은 일본 최초의 '필화동성애문헌筆禍同性愛文獻'이 되었다.

하지만 실제로는 몰래 유포되고 있었던 것 같다. 『소년애의 미학少年愛の美學』을 저술한 이나가키 다루호稻垣足穗[18]는 "중학교 때 친구

---

16 홍몽루주인은 민속학자 미나가타 구마구스南方熊楠라고 보는 설이 우세.
17 미야다케 가이코쓰宮武外骨(1867~1955) : 메이지20년 『돈치頓智협회잡지』 등 다수의 잡지 창간. 권력을 풍자하여 자주 필화筆禍를 입음.

한테 이 책을 빌린 후 돌려줄 때까지 약 2주일동안 교과서 사이에 끼워 매일 학교에 가지고 다녔으며, 오시카와 순로押川春浪의 『릿신히자쿠리게立身膝栗毛』, 『집 없는 소년』과 더불어 중학생 시절의 애독서였다"고 회상하고 있다.[19]

1912년 2월 『도쿄니치니치신문東京日日新聞』에 게재된 다니자키 준이치로의 소설 「하품あくび」에는 "유난히 눈에 띄는 홍안紅顔의 미소년"이 등장한다. 소년의 이름은 스기우라杉浦. 쓰가루津輕의 현립 중학교에 다니는 그는 발군의 성적과 함께 교내의 악풍(풍기)단속을 위해서라면 완력도 마다하지 않는 열혈소년이다. 교내의 악풍이란 물론 당시 한창 유행하던 '남색의 악폐'를 말한다.

메이지明治에서 다이쇼大正로 연호가 바뀐 지 3년째 되던 해, 오사카 부립大阪府立 이마미야今宮 중학교에서 촉탁교원으로 일하던 오리구치 시노부折口信夫[20]는 담당하던 학생이 졸업하자 사직하고 상경하여 혼고本鄕에서 하숙생활을 시작했다. 그의 나이 28세 때였다. 오리구치의 인생에서 커다란 전환점이 된 그해 3월 24일부터 4월 19일에 걸쳐 그는 미야다케 가이코쓰가 창간한 『후지신문不二新聞』에 「휘파람口ぶえ」을 연재했다.

---

18 이나가키 다루호稻垣足穗(1900~1977) : 소설가. 다이쇼에서 쇼와에 걸쳐 추상 지향과 비행飛行소망, 메카니즘 애호와 불모의 에로티즘, 천체와 오브제objet 등을 모티브로 한 수많은 작품을 발표.

19 稻垣足穗, 「宮武外骨の美少年論」, 『南方熊楠児談義』, 河出文庫, 1992.

20 오리구치 시노부折口信夫(1887~1953) : 민속학자, 국문학자, 국어학자이자 시인, 가인歌人.

주인공은 15세의 소년 우루마 야스라漆間安良. 때론 약하게 때론 선명하고 강렬하게 시정詩情 넘치는 문장으로 엮은 이 자전적 소설에도 당시(메이지 30년대) 중학생들 사이에 감돌고 있던 동성을 사랑하는 기운이 아무렇지 않게 묘사되어 있다.

4~5학년 학생이 뺨이 하얀 아이나 골격이 부드러운 소년을 뒤쫓아 다니는 일이 유행처럼 번져갔다. 덩치가 작은 학생들은 숙박을 해야 되는 수학여행이 다가오면 두려워 어쩔 줄 몰랐다.

상급생으로부터 몇 차례나 편지를 건네받은 야스라. 수영하는 도중 갑자기 상급생에게 안겨 뺨에 뽀뽀를 당하는 야스라. 소년의 "심장은 격렬한 고동으로 터질 것 같다."
중학교를 무대로 소년들의 사랑이 싹튼다는 설정은 많은 작품에 공통되어 있다. 1933년 발표된 다자이 오사무太宰治의 처녀작「추억思い出」도 그중 하나다.

그 무렵 나도 이제 15~6세가 되었고 손 등에는 파란 정맥의 혈관이 엷게 비쳐 보이고 몸은 이상하게 무겁게 느껴지고 있었다. 나는 까무잡잡한 피부에 몸집이 작은 학생과 몰래 사랑하는 사이였다. 학교에서 돌아가는 길에는 언제나 둘이 나란히 걸었다. 새끼손가락이 서로 살짝 스치기만 해도 우리는 얼굴을 붉히곤 했다.

도쿠토미 로카德冨蘆花의 경우

『불여귀不如歸』 등으로 잘 알려진 메이지, 다이쇼시대 유수의 베스트셀러 작가 도쿠토미 로카는 직접 경험한 것을 보다 노골적으로 적었다. 『로카일기蘆花日記』의 한 부분을 인용해 보기로 하겠다. 1915년(다이쇼 4) 6월 1일, 48세 때 일기에는 다음과 같은 내용이 있다.

내 나이 11~2세였을 때다. 가토 유지로加藤勇次郎가 나를 배 위로 안아서 올렸다 내렸다하고 있었는데 그때 그의 성기가 발기하고 있는 것을 뚜렷이 느낄 수 있었다. 언제나 나를 갖고 놀던 그의 동생 간지로勘次郎는 말없이 옆에 있었지만 안절부절 어쩔 줄 몰라 했던 것 같다.

11~2세 때라면 로카가 형 소호蘇峰에게 이끌려 구마모토熊本에서 교토로 올라와 도시샤同志社영어학교에 다니던 무렵일 것이다. 가토 유지로는 구마모토서양학교 출신으로 도시샤의 선배이다. 당시 "입을 꼭 다문 하얀 피부의 미소년"(前田河廣一郎, 『蘆花伝』)이었던 로카는 유지로와 그의 동생 간지로에게 성적인 애무를 자주 받았던 것이다.

그리고 문학자의 동성애 체험에서 빼놓을 수 없는 사람이 한 명더 있다. 1916년 봄 18세에 오사카 부립 이바라키茨木중학교의 기숙사에 들어간 가와바타 야스나리川端康成는 1년 동안 같은 방을 쓰던 하급생 기요노淸野와 사랑을 경험했다. 1948년 작품 「소년少年」에는 당시의 일기를 인용하여 두 사람의 관계를 대담하게 묘사하고 있다.

언제랄 것도 없이 너는 나에게 팔과 입술을 허락하고 있었다. 너는 순
진해서 부모한테 안긴 것이라고 생각했겠지. (…중략…) 하지만 나는 너
만큼 순진하지 않았다.

「소년」을 집필할 당시 50세였던 가와바타는 당시 기숙사 생활을
회상하면서 "어떤 사정이 있어도 자제를 중학교 기숙사에 보내는 일
만은 하지 말라고 세상 모든 부모님에게 충고하고 싶다"고 말한 바
있다. 중학교 기숙사는 그만큼 유혹에 가득 차 있던 위험한 사랑의
장소였던 것이다.

하지만 그건 어디까지나 노년을 맞이한 작가의 감상에 지나지 않
았다. 1917년 19세에 일고一高[21]에 입학한 가와바타는 기요노와의
사랑을 서간체 형태로 엮어 교사에게 제출했다고 한다. 더구나 "너
의 손가락에, 손에, 팔에, 가슴에, 뺨에, 눈꺼풀에, 혀에, 이에, 다리
에 애착을 느꼈다. 나는 너를 사랑하고 있었다"라는 내용으로 말이
다. 이것을 학교에 작문으로 제출했다니 놀라울 따름이다. 50세의
작가가 "아무리 일고一高가 자유로워도 비상식적인 작문이었다"고
반성했지만 말이다.

분명 비상식적인 일이었는지 모른다. 하지만 달리 생각하면 소년
끼리의 사랑에 대해 자유로웠던 학원내의 분위기를 말해준다고 볼

---

21 1886년 일본의 근대국가건설을 위해 필요한 인재육성을 목표로 제일고등중학교
第一高等中學校로 창설. 1894년 제일고등학교로 개칭되면서 과정은 3년, 제국대학
의 예과로 바뀜.

수 있다. 어쨌든 가와바타에 의하면 "교사가 몇 점을 주었는지는 잊었지만 내용에 대해 특별히 주의를 받은 기억은 없다"고 하니 말이다.

탐정소설에서

순문학이나 사소설私小說뿐만 아니다. 탐정소설 속에서도 이런 테마는 계속 다루어져 왔다. 변호사를 개업한 뒤 범죄연구에 관한 논문과 소설을 발표한 하마오 시로浜尾四郎는 『그가 죽였는가彼が殺したか』에 이은 두 번째 작품 『악마의 제자悪魔の弟子』에서도 동성 간의 깊은 관계를 작품 속의 주요 모티브로 삼았다.

이야기는 ××지방재판소 검사 쓰치다 하치로土田八郎한테 쓴 '어느 미결수인 나의 편지'라는 형태로 이루어져 있다. 아내를 독살하기 위해 면밀한 계획을 세운 '나', 하지만 운명의 장난이었는지 죽어야 할 아내는 죽지 않고 애인이 실수로 독을 마신다. 그리하여 살인죄로 감옥에 들어간 내가 검사에게 사건의 진상을 자세히 말한다는 줄거리인데 다른 유사작품과 다른 점은 '나'와 검사가 실은 학생시절 친구였다는 설정이다. 게다가 단순한 친구 사이가 아니었다.

우리는 아주 친한 친구였습니다. 어쩌면 친한 친구 이상이었다고 할 수 있지 않을까요. 당신이 있는 곳엔 언제나 내가 있었고 내가 가는 곳에는 언제나 당신이 함께한 사이였지 않습니까. 기숙사에 있던 학생들은 우리를 잘 어울리는 한 쌍이라고 불렀지요.

기숙사에서 생활하는 동안 두 사람은 형제보다 친한 사이였다. 같은 장르의 작품 중 요코미조 세이시横溝正史의『도깨비불鬼火』에도 범인과 경찰 사이에 비슷한 관계가 있었음을 연상하게 한다. 심판하는 측과 심판받는 측, 또는 체포하는 자와 체포당하는 자, 서로 대립관계에 있는 두 남성이 소년시절 깊은 연정으로 맺어져 있었다는 설정이다. 그것은 인간의 기이한 운명을 묘사하는데 있어 아주 유효한 설정 중의 하나였음이 틀림없다.

탐정소설과 동성애.

그러고 보니 탐정소설 계통의 대가 에도가와 란포江戸川亂步 역시 남색연구의 숨은 대가였다는 사실은 잘 알려져 있다. 1953년『보석寶石』1월호에서 란포는 "내 생애에서 가장 흥미로웠던 것을 꼽자면 탐정소설과 동성애 문헌의 수집이었다"라고 스스로 밝히기도 했다(「うつし世は夢」).

| 『**그대와 나**君と私』 | 남성 간의 동성애를 다루거나 언급한 문학작품으로는 이 외에도 미시마 유키오三島由紀夫와 와타누키 로쿠스케綿貫六 |

助의 일련의 작품 및 곤히 데미今日出海의『남색감男色鑑』등 여러 작품이 있으며 일일이 예를 들자면 끝이 없다. 그래서 여기서는 저명한 두 작가를 모델로 동성 간의 연정을 그린 자전적인 소설을 소개하는 정도로 하겠다.

작품 이름은 『그대와 나』.

1913년 『시라카바』 4월호부터 7월호에 걸쳐 연재된 이 장편은 그 후 원고가 분실되는 이상사태로 인해 중단되었다가 결국 미완으로 끝난 복잡한 사연이 있는 작품이다. 화자話者인 '나'는 작가의 분신이고 '그대'는 작품 속에서 사카모토坂本라는 이름으로 불리는 형의 친구이다. 집필 당시 '나(=작자)'는 26세, '그대'는 다섯 살 연상이었기 때문에 서른 살이 넘었을 때였다.

내 나이 14세 때 봄방학이었다. 아픈 형의 병문안을 겸해 '그대'가 별장에 왔다. 어느 날 아침 나는 캐치볼을 하고 있었는데 '그대'가 보고 있다는 것을 알아차리고 더 잘하고 싶은 마음이 들었다. 그대에게 사랑을 느끼고 있었기 때문인지 확실하지는 않다. 어쨌든 그 무렵 일반 학생들 사이에는 남자끼리의 사랑이 대단히 유행하고 있었고 나도 거기에 열중하고 있었다.

'그 무렵'이란 1901년 무렵을 말하는 것일까. '나'는 한해 전 갓슈인 중등과에 입학했고 '그대'도 같은 과에 재학 중이었다. 남자끼리의 사랑의 유행? '나'는 "요즘 당시의 일기를 보고 놀랐을 만큼 거의 모든 페이지에 걸쳐 동성에 대한 애정을 늘어놓고 있었다"고 고백하고 있다.

'그대'가 수집하고 있던 니시키에綿繪[22]를 보기 위해 내가 처음 '그대'의 집을 방문한 것은 "세상이 여순旅順의 전황戰況으로 정신이 없던

해 정월"(1905년 1월. 나는 18세)이었다. '나'는 동급생인 이와다岩田를 꾀어 함께 가기로 했다. 왜냐하면 학생들 사이에는 혼자 상급생을 찾아가는 것을 왠지 꺼리는 분위기가 여전히 남아 있었기 때문이다.

특별한 친구

그해 여름방학, 모토하코네元箱根의 별장에서 '나'는 '그대'들과 함께 지냈다. 나무그늘에서 독서, 해변에서 수영, 보트놀이 등 소년들의 즐거운 여름날.

어느 날 카키색 학생복 차림의 야스이安井 군이 찾아왔다. 그는 '나'에게나 '그대'에게도 특별한 친구다.

3년 전쯤 나는 야스이 군을 사랑하고 있었다. 한 살 차이인 그 소년의 무언가가 내 마음 속을, 배우를 흠모하는 여자아이와도 같은 비하와 열망으로 가득 채웠다. 약 10개월 동안 나는 하루도 그 소년을 생각하지 않은 날이 없었다. 하지만 그 마음을 털어놓으려고도 하지 않은 채 끝이 났다. 마침 그때 그대와 야스이 군은 서로 사랑하고 있었고 어렴풋이 나도 느끼고 있었지만 이상하게 그대를 향한 내 마음에는 조금도 방해가 되지 않았다.

소년들의 풋풋하고 애절한 사랑의 감정. 그런 감정을 아무렇지 않

---

22 풍속화(우키요에浮世繪) 판화의 판 양식.

게 토로하고 또 일기에 풀어놓은 학생시절의 달콤한 공기. 주인공인 내가 연정을 보낸 '그대'의 모델은 근대일본문학을 대표하는 작가 중 한 명인 시가 나오야志賀直哉이다. 그리고 이 작품의 저자이기도 한 '나'는 소설 『다정불심多情佛心』과 『안조 가의 형제安城家の兄弟』 등으로 잘 알려진 사토미 돈里見弴이다.

사토미 돈의 본명은 야마우치 히데오山內英夫. 어린 시절 양자로 가서 야마우치로 바뀌었지만 원래 성은 아리시마有島이다. 소설가 아리시마 다케오有島武郞와 화가 아리시마 미부마有島生馬가 그의 친형이다(참고로 작품 속 '그대 = 시가 나오야'의 친구는 미부마).

『그대와 나』를 발표한지 25년 후 사토미는 「시가 군과의 교우기志賀君との交友記」(隨筆集 『銀語錄』)라는 글을 통해 당시의 심경을 회고한바 있다. 그는 "작품 속의 나는 말할 필요도 없이 나 자신이고, 사카모토라 불리는 그대는 시가 군이 모델이라기보다 있는 그대로의 그"를 나타내고자 했다고 말했다.

12~3세일 무렵, 나는 한때 시가 군에게 빠져 있었다. 학생들 사이에는 아직 남색의 기운이 남아 있었고 갓슈인도 왕성한 편이었다고 생각한다. 나 역시 상당히 미소년이어서 나이가 많은 학생들로부터 꽤 많은 고백을 받기도 했는데 그 계통의 용어로 '치고稚兒'[23]인 나 쪽에서 '니세二才'[24]라 할 수 있는 시가 군을 연모하던 시절이 있었다. 이런 일을 공표하면 난처

---

23 여성적, 수동적 의미.
24 젊은 남성, 남성적, 능동적 의미.

할지 모르지만 당시 시가 군은 세련되고 운동이라면 뭐든 잘하는 사나이답고 멋진 미청년이었다.

미소년 사토미 돈이 미청년 시가 나오야에게 바친 사모의 마음은 결국 이루어지지 못한 채 '슬픈 짝사랑'으로 끝난 것 같다. 50대의 사토미는 사랑이 이루어지지 못한 것은 '대단히 행운'이었다고 했다. 왜냐하면 "만약 조금이라도 이상한 일이 있었다면 나는 분명 그와 같은 문학의 길에 뜻을 두지 않았을 것이기 때문"이었다. 즉 두 사람 사이에 육체적인 관계는 없었다고 할 수 있다.

시가 나오야志賀直哉의 소년애

한편 시가 나오야는 『그대와 나』가 발표된 그해 『시라카바』(7월호)에 「모델의 불복モデルの不服」을 실어 불쾌한 기분을 느꼈다고 그가 받은 느낌을 털어놓았다. 그 소설은 대부분 사실을 바탕으로 쓴 것이라고 인정하면서 "도대체 왜 그런 시시한 내용을 끈질기게 늘어놓고 있는지 도무지 알 수 없다"고 불만을 토로했다. 내용이 너무나 무의미하고 빈약한 작품의 부주인공이 자기 자신이라는 사실에 불만을 토로하지 않을 수 없다고 한 것이다. 시가의 어조는 격했다.

하지만 의외로 사토미가 자기한테 동성애적인 연모를 품고 있었던 것이나 자신을 포함하여 갓슈인에서 소년애가 유행했다고 공표

한 것에 대해서 특별히 불만이나 수치심을 느꼈다는 부분은 없다. 마치 "그쯤이야 흔해 빠진 일인데 뭘!"이라는 식이다. 사실 그보다 앞서 1911년 발표된 시가의 소설 「흐려진 머리濁った頭」에는 크리스트교에 입문하기 전 동성애 감정으로 자주 키스를 하는 주인공 쓰다津田 군이 나온다.

시가를 사사師事한 소설가 아가와 히로유키阿川弘之 씨에 의하면,[25] "시가의 '소년애'의 초기 상대는 아리시마 미부마였지만 그와는 완전히 플라토닉한 사랑이었다. 하지만 다른 남자 친구들과의 관계는 플라토닉 했다고만 볼 수 없을 것 같다"라고 말했다. 그는 또 "시가의 실제 소년애는 우치무라 간조內村鑑三를 만난 해(1901년)에 끝난 상태였고, (…중략…) 그 후『시라카바』를 통해 세상에 나온 신인작가 시가 나오야를 조금이라도 남색가라는 색안경을 끼고 보는 경향은 없었다"라고 한 바 있다.

닳아빠진 애독서　　사토미는 「시가 군과의 교우기」에서 당시 그 계통(남색의 세계)의 용어로 자기가 '치고'(여성적)이고 시가 군이 '니세'(남성적)라고 했다.

대체 무슨 뜻일까.

이런 말이 유행한 무대를 찾아『시라카바』동인들의 세계에서 메

---

25 阿川弘之,『志賀直哉』, 岩波書店, 1994.

이지 서생들의 세계로 시각을 돌려볼 필요가 있다. 사토미 돈이 태어나기 3년 전 무렵인 1885~86년에 걸쳐 간행된『당세서생기질當世書生氣質』을 살펴보기로 하자.

저자 쓰보우치 쇼요坪內逍遙는 어떤 경파硬派 서생의 방에 닳아빠진 애독서가 한 권 놓여있는 모습을 "얼마나 자주 읽었는지 서양의 서적보다 심하게 닳았다"(서양도서보다 훨씬 자주 읽고 있다고 비꼼)고 묘사했다.

여기서 말한 책은 바로『시즈노 오다마키三五郎物語』이다. 사쓰마의 번사 요시다 다이조吉田大藏와 미소년 히라타 산고로平田三五郎와의 정사情事를 그린 "남색도男色道의 하나의 경전"이라고까지 일컬어지는 책이다. 당시 서생들 사이에서 이 책이 얼마나 인기가 있었는지, 또 표지를 철한 곳이 닳아서 해질 만큼 애독되었는지는 1888년『가라쿠다문고我樂多文庫』에 연재된 이와야 사자나미巖谷小波의「사쓰키코이五月鯉」[26]만 봐도 확실히 알 수 있다.

신슈信州에서 상경하여 간다神田의 영어학교에 다니는 다사키田崎라는 어떤 서생은 어느 날 친구로부터 책 한 권을 빌려 읽고 깊은 감동을 받았다. 그 책은 바로『시즈노 오다마키賤の苧環』였다. 그 후 "아아, 산고로三五郎를 닮은 소년이 있다면 단수斷袖의 연을 맺을 것을", 다사키는 주인공 사카이 고이치酒井光一라는 소년에게 눈독을 들이고 끈질기게 따라 다녔다.

---

26 오월 단오에 장대 끝에 매다는 잉어모양의 천.

또 1902년(메이지 35) 간행된 『사회천태만상社會百面相』에서도 저자 우치다 로안內田魯庵은 등장인물인 서생을 통해 다음과 같이 말하고 있다.

나는 남색종男色宗[27]이다. 남색이란 진중陣中의 무료함을 달래주는 전국시대의 유풍遺風으로 무사의 기운을 불러일으켜 국가의 기운을 복 돋우는 길이다. 적어도 심약한 자가 여색女色에 빠지는 것을 방지하기에 충분하다. 『시즈노 오다마키賤の小田巻』를 읽어 보라. 요즘의 연약한 연애소설과 달리 사나이다운 기개가 물씬 풍겨 멈출 수가 없다. 경파硬派 서생의 성전性典 『시즈노 오다마키』.

서생들의 세계

여기서 다시 오가이鷗外의 『이타섹슈얼리스』를 살펴보기로 하겠다.

11세 때, 사립학교 기숙사에서 처음으로 남색에 대해 알게 된 가네이 시즈카는 주말에 집에 돌아가자마자 아버지한테 말했다. 틀림없이 아버지가 깜짝 놀랄 것이라고 생각했는데 조금도 놀라지 않고 "음……, 그런 녀석이 있구나. 앞으로는 조심해야 할 거야"라고 가볍게 주의를 주었을 뿐이었다.

이 대목에서 알 수 있듯이 당시 동성애적 취향은 특히 서생들 사

---

27 일본불교의 신흥종파.

이에 뚜렷이 나타났다. 1899년 후나오카 에이노스케舟岡英之助라는 의학자가 '남색에 대해서'라는 제목으로 학술강연을 한 적이 있다. 그런데 그는 강연을 하게 된 주요 동기를 "근래 신문을 보니 학생들이 남자끼리 성관계를 하여 사람을 다치게 하는 일이 있다. 또 학교 가는 길에 기다리고 있다가 붙잡아서 범하는 일도 있다. 그런 사건이 꽤 자주 발생하고 있는 것 같아 오늘 이 문제에 대해 말해 본 것"(『國家醫學會雜誌』 제145호)이라고 남색상해사건이 빈발하는 것을 우려했기 때문임을 밝히고 있다.

『스바루』보다 한 달 뒤인 1909년 8월 발행된 『모험세계』에는 『이타섹슈얼리스』에 쇼크를 받은 가와오카 초후河岡潮風[28]가 "정확한 남색반대론의 필요성"을 통감하고 "학생들의 어두운 면에 도사리고 있는 남색의 일대 악풍을 통렬히 비판한다"는 내용의 글을 발표했다.

자세한 내용은 생략하겠지만 이 잡지는 같은 호에서 전국의 독자에게 '청년학생을 부패, 타락하게 만드는 가장 나쁜 유혹물 5개'를 묻는 설문조사를 벌였다. 청년 및 학생을 해치는 해악 가운데 상위 5개를 순서대로 적어 편집부에 보내면 우수 답안 20개를 뽑아 상을 주겠다는 것이었다(1등 1명, 상품은 금패와 5엔 도서권, 이하 3등까지).

결과는 그 다음호에 발표되었는데 1위는 여색女色으로 5,618표, 이하 음란소설 5,579표, 서양문화 5,211표, 나쁜 곳(요리집, 기생집,

---

28 가와오카 초후河岡潮風(1887~1912). 작가. 잡지 『모험세계』 등에 소설, 에세이 등을 발표.

유곽 등) 4,936표, 한가로이 지내는 것閑居 4,674표 순이었다.

『모험세계』라는 잡지의 성격상 아무래도 독자층에 경파 타입의 청년이 많았기 때문인지 '남색'은 겨우 6위에 올랐을 뿐이었다. 그렇지만 제7위 이하가 자위행위, 취미생활, 사회면 기사, 유녀, 담배, 나쁜 친구, 여분의 돈 등인 것으로 봐서 남색이 당시의 청년, 학생들의 생활에 차지한 위치는 역시 요즘과는 비교가 안 될 정도로 컸다고 할 수 있다.

일고―高의
'스톰'

메이지 소년들 사이에 남색이 유행했다는 사실을 뒷받침해 줄 증거는 이 밖에도 많다. 오스기 사카에大杉榮[29]는 1899년 입학한 나고야의 육군 유년학교에서 보낸 생활을 회고하며 남색 풍조에 대해 언급했다.[30] 그리고 1882년 육군사관학교 교장에 취임한 미우라 고로三浦梧樓[31] 역시 '악습'을 일소하기 위해 과감하게 메스를 가했다고 회고했다 (『觀樹將軍回顧錄』).

『고사순례古寺巡禮』 등의 저서로 알려진 와쓰지 데쓰로和辻哲郎[32]

---

29 오스기 사카에大杉榮(1885~1923) : 사상가, 작가. 사회운동가. 아나키스트.
30 大杉榮, 『自叙伝・日本脱出記』, 岩波書店, 1971.
31 미우라 고로三浦梧樓(1847~1926) : 무사출신, 군인, 정치가. 1895년 조선의 특명전권공사에 취임, 같은 해 10월 8일, 민비암살을 지휘했다는 이유로 사변 후 관련된 일본인과 함께 일본에 소환되어 히로시마広島에서 투옥되나 그 다음해 히로시마지법과 히로시마에서 열린 군법회의에서 무죄로 석방됨.
32 와쓰지 데쓰로和辻哲郎(1889~1960) : 철학자, 윤리학자. 일본문화사가. 광범위

역시 일고 기숙사에서 생활할 때 '스톰'에 습격당한 적이 있다고 한다.[33] 그가 일고에 입학한 것은 1906년이었으므로 18세 무렵의 일이다. '스톰'이란 밤늦게 상급생들이 하급생의 방에 침입하여 이불을 젖히고 "멋대로 이런저런 쓸데없는 말을 함부로 내뱉고 가는 행위"를 말한다. '쓸데없는 말'에는 동성애적인 취향을 나타내는 노골적인 표현도 포함되어 있었다. 신입생 때 심야의 습격을 받은 와쓰지의 귀에 울린 것은 갑자기 난입한 자들이 "샨이다, 샨"('샨'은 학생들용어로 미인을 말함)이라고 외치는 소리였다. 그는 "팔 근육이 단단한 무리가 남색에 흥미를 가진 것처럼 행동하는 풍습은 여전히 남아 있었고 그런 풍습을 핑계로 소동을 부리는 그들의 행동은 고약하기 짝이 없는 일이라고 생각했다"고 한다. 와쓰지는 그런 체험을 한지 1년쯤 지나 교우회 잡지에 「잃어버린 교풍失はれたる校風」이라는 글을 썼는데 과연 양식파良識派라 할 수 있겠다.

와쓰지보다 2년 뒤(1891)에 태어난 구메 마사오久米正雄의 소설 『학생시대學生時代』에도 당시 일고의 기숙사 분위기를 엿볼 수 있는 장면이 있다. 호리타堀田는 1학년, 기숙사 내에서 유명한 미소년이었다. 기숙사생들의 천진난만한 사랑의 대상이었지만 하시모토橋本가 특히 열렬히 그를 찬미했다.

"하시모토는 상상 이상의 열의를 가지고 호리타와의 사랑을 갈구

한 문제를 윤리학에서 다루는 등 근대일본에서 유일하다고까지 일컬어지는 체계적 윤리학 구축.

33 和辻哲郎, 『自叙伝の試み』, 中央公論社, 1992.

하고 있었다. 그의 일기에는 그 날 그날 있었던 호리타와의 우연한
만남에 웃고 찡그리는 표정의 변화까지 기록되어 있었다."

**남색 열기의
방향**　　　　　그런데 메이지 소년들의 동성애 풍조는 다
이쇼大正, 쇼와昭和, 더 나아가 헤이세이平成의
소년들에게 그대로 이어졌을까?

쇼와 40년대(1960년대 중반) 소년기를 보낸 저자가 받은 인상으로
는 일단 대답은 '아니다'이다. 하지만 메이지 소년의 '특수성'은 그
들도 잘 인식하고 있었던 것 같다. 1920년(다이쇼 9) 『국민신문國民新
聞』에 연재된 사토미 돈의 소설 『오동나무 밭桐畑』에는 다음과 같은
장면이 있다.

　사랑하는 여인의 장례식 날 17세 소년 이와모토岩本가 실종되었다. 슬
픔이 너무 깊은 나머지 생긴 일이다. 하지만 실상을 모르는 사람들은 당
시 빈번히 발생하던 "미소년을 쫓아다니는 나쁜 서생에게 끌려간 게 아닐
까"라고 걱정하며, 걱정하던 그 일이 일어난 것임에 틀림없다고 말하곤
했었다.

'당시'란 메이지 말을 말한다. 용모가 조금 뛰어난 소년이 사라지
는 사건이 발생하기라도 하면 즉시 남색을 즐기는 서생에 의해 유혹
당하거나 납치당했다는 쪽으로 생각이 미친다. 게다가 그럴 가능성

이 가장 컸다는 사실이 놀랍다. 하지만 그보다 더 주목할 만한 것은 이 소설이 쓰인 다이쇼시대에는 남색열기가 이미 과거의 유행이 되었다는 점이다.

1900년(메이지 33)생으로, 소위 메이지 소년의 최종 주자라고 할 수 있는 이나가키 다루호는 그 점에 대해 보다 명쾌하게 지적하고 있다. 다루호는 메이지시대의 미소년 패닉 풍조는 "메이지 초기부터 반세기 동안 계속되었고 다이쇼시대에 들어서면서 마침내 그 색깔이 옅어졌다"[34]고 했다. 즉, 다이쇼시대를 경계로 미소년 패닉(미소년 쟁탈전)이 진정되었다는 것이다. 그는 그 이유를 "다이쇼시대에 들어 자유주의가 도입된 결과 청소년들 사이에 단련(엄격함)이 부족해지면서 미소년적인 것이 자취를 감추었기 때문"이라고 보았다.

| 전쟁과 에로스 | 메이지 후기 남색이 유행한 배경으로 청일, 러일전쟁의 영향, 즉 군대와 전쟁기운의 고양高揚을 들지 않을 수 없다. |

빈 대학 출신의 민속학자 프리드리히 크라우스의 저서 『신앙, 관습, 풍습으로 본 일본인의 성생활信仰, 慣習, 風習から見た日本人の性生活』(1907. 1910년 『일본인의 성생활』이란 제목으로 개정판 출간)에는 어느 일본 정치가의 익명 수기에서 따온 것이라고 밝힌 내용이 있다.

---

34 稻垣足穗, 「宮武外骨の美少年論」, 『南方熊楠児談義』, 河出文庫, 1992.

남성 간의 동성애가 병사나 사관 사이에 아주 만연해 있는 것은 다른 부분을 통해서도 입증되었다. 피상적으로만 봐도 일본의 병사들이 일반인보다 훨씬 애정과 우정이 가득 담긴 태도로 교제하고 있다는 사실에 놀랄 것이다.

이 책에는 또 수많은 병사가 팔짱을 끼고 서로 손을 잡고 거리를 걸어 다니는 것을 봤다는 증언도 있다. 크라우스는 청나라나 러시아를 상대로 일본군이 용감히 싸울 수 있었던 것은 병사들 간에 끈끈한 사랑의 유대감이 바탕에 있었기 때문이라고 주장했다. 그들이 죽음을 두려워하지 않은 것은 단순히 전투정신이나 죽음을 가벼이 여겨서가 아니라 다른 병사에 대한 강력한 사랑의 감정으로 이루어져 있었기 때문이라는 것이다.

죽음을 가벼이 여기는 이유는 동성애의 영역에서 구해야 한다. 물론 에로스와 관계없이 순수한 우정만으로 그렇게 할 수 있을 수도 있다. 하지만 역사가 말해주듯 그런 예는 소수에 불과하다.

전쟁과 에로스. 병사들의 사랑과 유대. 크라우스의 저서에서 말하는 내용이 어느 정도 진실인지(병사들 간의 동성애의 유대가 어느 정도 일본군을 용감하게 했는지) 구체적으로 검증할 수는 없다. 어쨌든 두 전쟁이 당시 소년과 젊은이들에게 싸울 힘과 함께 남자끼리 용감하게 서로 사랑하는 기분을 촉발시킨 것만은 부정할 수 없을 것이다.

사쓰마薩摩[35]**의 유풍**

그건 그렇고 메이지 초기부터 남색이 유행한 이유는 뭘까?

다루호는 "내가 보기에 이 풍습은 메이지유신 이후 구 번藩의 청년들이 중앙으로 가져온 것", 즉 막부가 붕괴된 후 도쿄로 몰려든 구 번의 청년들이 들여온 관습으로 인해 남색이 유행하게 된 것이라고 추측했다.

막연히 구 번이라고는 했지만 당시 대중들은 사쓰마 번이 남색 관습의 전염원이라고 생각했다. 앞에서 말한 후나오카 에이노스케舟岡英之助는 강연에서 규슈九州 등의 대번大藩이라고 얼버무렸지만, 『미소년론』 등에서는 '사쓰마 남부의 자제'라고 지적하고 있고 1886년 6월 24일 자 『초야신문朝野新聞』에 "용맹한 사쓰마의 남자는 남자끼리 서로 사랑하는 정이 여자와 다를 바가 없다"는 내용이 있다.

1891년 간행된 단편 『시치주니몬 이노치노야스우리七十二文命の安売』에서 작가 오자키 고요尾崎紅葉가 야유를 보내고 있는 사쓰마 번의 무사 아카이와 단스케赤岩彈介는 죽은 연인 아사미 소우시치淺水左右七의 유품인 피리를 애장하고 방에 미소년의 그림을 걸어둔 전형적인 남색가로 그려져 있다. 또 하나부사 시로花房四郎의 『남색고男色考』(1928)에도 "규슈지방이 특히 심하며 그중에서도 사쓰마 남부의 건아들 사이에는 여전히 이 풍습이 계속되고 있다고 한다"고 기록되어 있을 정도이다.

---

35 현재 규슈九州 가고시마현鹿児島県의 서부.

다시 사토미 돈의 작품을 살펴보기로 하자. 만년에 발표한 그의 작품 『극락 잠자리極楽とんぼ』에서 부모와 의절하다시피 하고 가고시마鹿兒島에 있는 친척집에 맡겨진 주인공 슈자부로周三郎가 생활하는 모습은 다음과 같다. 참고로 때는 메이지 30년대, 슈자부로는 15~6세로 설정되어 있다.

외딴 이 지역은 막부시대부터 남색의 본고장으로 일컬어지는데 당시에도 학생들 사이에는 전통이 조금도 쇠퇴하지 않고 남아 있었다. 시골로 내려간 미소년이라고 해서 잘 봐주기는커녕 남색가들의 맹렬한 쟁탈전의 표적이 되어

물론 이것은 소설이고 발표된 것도 1961년으로 시간이 꽤 흐른 뒤의 일이다. 하지만 사토미 돈의 아버지는 사쓰마의 시마즈島津 씨에서 분파된 혼고北郷 씨를 섬기던 사람이었기 때문에 아들인 그도 자연히 사쓰마의 풍습에 대해 잘 알고 있었던 것으로 보인다. 어쨌든 사쓰마는 남색의 메카라고 할 수 있다.

메이지 30년대라고 하면, 31년(1898) 혼부 야스시로本富安四郎의 저서 『사쓰마 견문기薩摩見聞記』가 출판된 시대이다. 이 책은 1889년 10월 가고시마 현의 소학교 교원으로 부임한 혼부本富가 1892년 퇴직하고 상경할 때까지 그 지역의 풍습과 풍토를 조사, 연구한 결과를 정리한 것으로, 여기에도 남색의 풍습이 선명하게 기록되어 있다.

미소년에 관한 것은 봉건시대의 야만적인 풍습으로 두말할 것도 없이 추잡스런 일이다. 하지만 결국은 인간의 욕망에 완전 굴복당하고 만다. 특히 사쓰마 사람처럼 감정이 넘치는 자들에게는 오히려 여색에 빠져 나약해지는 폐단을 막고 청년들의 활기를 진작하기 위한 하나의 방편이었다.

'치고稚兒'와 '니세二才'

여기서 사쓰마 지방의 청소년 조직에 대해 알아보기로 하자.

4명중 1명이 무사라는 특수한 인구구성을 유지하고 있던 사쓰마 번에서는 영내領內를 100 이상의 '외성外城'으로 나누는, 소위 둔전제도屯田制度가 이루어지고 있었다. 외성은 일반적으로 '향鄕'이라 하여 각 향마다 '향중鄕中'이라는 청소년 단체가 구성되고 연령에 따라 '치고稚兒'와 '니세二才'로 크게 나뉘었다.

치고는 성인식을 올리기 전 6~7세부터 14~5세까지의 소년을 말하며 그중에서도 10세까지를 '소小치고'라고 하고 그 이상은 '장長치고'라고 했다. 한편, 니세는 성인이 되는 의식을 치르고 난 뒤 가정을 이루기 전까지의 청년들을 말하며 연령은 14~5세에서 24~5세 정도까지였다.

이와 같이 '향중'은 아동층을 하위집단에 둔 젊은이들의 집단을 말하며 "청소년 스스로가 자발적, 계속적으로 소단체 학습활동을 전개하며 사쓰마의 무사다운 인간육성 및 인격형성을 해왔다"[36]고 하는데 강한 자율성과 무사교육을 위한 교육적 역할이 큰 특색이었다고 할 수 있다. 니세는 솔선해서 치고를 지도함과 동시에 보호감독 및 검술지도示現流 등을 하고 '장長치고'에서 니세 조직으로 편입할 때는 가입의례로 담력을 시험하기도 했다고 한다.

자연히 니세와 치고의 관계는 친밀했고 향중에서는 치고가 다른 지방의 니세와 교제하는 것을 엄격히 금지했다고 한다. 예를 들어 1754년 작성된 「장長치고의 규칙長稚兒相中掟」 제1조에 성인식을 올리기 전에 다른 지역 및 마을의 니세 등과 교제해서는 안 된다고 규정되어 있는 것만 봐도 알 수 있다.

배타적인 교제.

『사쓰마의 향중교육』에서는 이 1조를 가리켜 향중교육이라는 교육상 책임영역 안에서 장長치고의 이상적인 인간형성 및 인격형성 도모를 규정한 것이라고 해석했다. 여기서는 장長치고에 대한 향중의 교육의도를 강조하고 있지만 과연 그뿐이었을까. 같은 마을의 니세와 치고의 관계를 중시하고 다른 마을의 니세에게 치고를 빼앗기지 않겠다는, 다분히 성적性的인 냄새를 감지할 수밖에 없다.

"길에서 여자를 만나면 부정을 타게 될까 두려워 비켜 지나간다"[37]고 할 만큼 사쓰마 청년들에게는 극단적인 여성기피 풍조가 있었다. 그 여파로 남녀교제의 기회는 좁아지고 향중에서 매일 함께 행동하는 동성 동료들 간의 유대관계만 끈끈해져 갔다고 할 수 있다.

다시 『사쓰마견문기』를 살펴보기로 하자.

---

36 『薩摩の郷中教育』, 鹿児島県立図書館, 1972.
37 東郷重資, 『薩藩土風考』, 1911.

예전에는 이런 분위기가 왕성하여 미소년이라 하면 우선 '치고'를 연상하고, '치고'가 나올 때는 화려한 옷을 입은 수많은 병사 '니세'가 호위하고 옆에서 우산을 씌어주기도 하며 밤에는 불침번을 서는 자도 있었다.

아름다운 '치고'에게 경칭을 쓰며 찬양하고 다른 마을의 '니세'들에게 빼앗기지 않도록 불침번을 서는 니세들. 이를 보면『극락 잠자리』에 묘사되어 있듯 아름다운 하급생을 두고 상급생들이 쟁탈전을 벌이는 그 지역 중학교의 모습은 물론, 시가志賀에 대한 연모戀慕를 사토미里見가 '치고', '니세'라고 표현한 것과도 겹친다. 따라서 메이지시대 벌어졌던 미소년 패닉의 진원지를 사쓰마의 풍속에서 찾으려고 한 다루호 등의 견해는 꽤 적중했다고 할 수 있다.

그런데『사쓰마견문기』의 저자도 니세나 치고들의 동성애적 풍조에 대해 "이것으로 무사의 기운을 유지한 것과 마찬가지"라고 평가하고 있었다. 야만적이고 추하기는 하지만 그래도 이 풍조로 인해 무사도 교육이 이루어진 것만은 부정할 수 없다는 것이다.

메이지의 남색 유행은 파고 들어가면 들어갈수록 결국 무사들의 세계를 피해갈 수 없을 것 같다. 그래서 저자 역시 모리 오가이森鷗外, 사토미 돈里見弴, 가와바타 야스나리川端康成 등 근대문학의 세계에서 벗어나 근세, 즉 무사들의 세계로 되돌아가 보기로 하겠다.

제3장

사랑하는
남자들

정교情交**의
일본사**

오늘날의 감각으로 보면 믿기 어려울 만큼 솔직했던 메이지시대의 미소년 쟁탈전, 동성애적 우정의 유대. 하지만 사회적 침투도로 봤을 때 메이지시대 '소년애' 따위는 전국시대에서 에도江戸 초기에 걸친 풍조에는 비할 바가 못 된다. 메이지 소년들은 그나마 주저하기도 하고 냉정하기도 한 편이었다.

이는 저자 혼자만의 생각이 아니다. 메이지시대 사람들도 비슷하게 느꼈던 것 같다. 예를 들어 1887년 간행된 『일본정교의 변천日本情交之變遷』이라는 책을 살펴보기로 하자.

저자 스에카네 야오키치末兼八百吉에 대해서는 출판 당시 미나미도시마군南豊島郡 도쓰카무라戸塚村[1]에 거주하고 있었다는 것 외에 밝혀진 사실이 없다(「福岡県平民」). 하지만 제목에서 알 수 있듯 이 작품은 일본 정교(연애)의 역사를 되짚어 가면서 연애개량의 방책을 꾀하고자 한 역작이었다. 말하자면 남녀교제 개량운동에 일조一助하기 위해 쓴 것이라고 할 수 있는데 "의도하지는 않았지만 정교사情交史의 시조始祖라는 명예를 얻게 될 것으로 믿는다"고 저자 스스로 밝히고 있듯이 연애사의 개척자가 될 수 있다는 대단한 자신감을 가진 작품이기도 했다. 190여 페이지로 이루어져 있으며 서문은 쓰보우치 쇼요坪内逍遙가 썼다.

그건 그렇고 막부 말에 그려낸 일본연애사의 흐름은 어땠을까.

---

1   현재 도쿄 신주쿠구新宿区 도쓰카戸塚.

왕조시대(平安시대)에서 겐페이源平시대[2]까지를 '자유정교(자유연애)'의 시대, 겐페이源平 이후 아시카가足利시대까지를 '자유정교와 간섭정교'가 서로 다투는 시대, 그리고 '오닌應仁의 난'[3]부터 도요토미豊臣 씨 멸망까지를 '연애불모의 약탈시대'라고 규정한 그는 에도시대(봉건제)에는 "남녀 사이가 완전히 격리되고 남성끼리 서로 사랑하는 나쁜 풍습이 이를 대신했다"고 했다. 전국시대 이래 여성은 한낱 도구에 불과한 취급을 받았기 때문에 남녀 사이에 건강한 연애습관은 발달되지 못하고 그 대신 '양양상애陽陽相愛', 즉 남자가 남자를 사랑하는 악습이 만연하게 되었다는 것이다. 스에카네가 그린 에도시대의 연애상戀愛像은 다음과 같다.

봉건제에서는 양양상애陽陽相愛 외에 달리 방법이 없자 남자 간의 정情으로 단단히 맺어져 결국 여자를 가까이 하려는 마음이 거의 훼손되고 말았다.

때문에 만약 하늘의 섭리를 이길 수만 있다면 봉건제는 틀림없이 남녀 간의 혼인을 일변一變시켜 남남상혼男男相婚이 되었을 것이다. 남자로는

---

2   미나모토 씨源氏와 다이라 씨平氏가 무사의 2대 세력으로서 약 100년간 패권을 다투던 시대. 12세기 말 미나모토노 요리토모源賴朝가 다이라노 기요모리平淸盛 일족을 물리치고 가마쿠라鎌倉막부를 열 때까지 겐페이源平시대가 계속됨.
3   무로마치室町시대 오닌應仁 원년(1467)에 발생하여 1477년까지 11년에 걸쳐 계속된 내란. 8대 쇼군 아시카가 요시마사足利義政의 후계 다툼 등 여러 요인으로 인해 발생하여 규슈 등 일부 지방을 제외하고 전국으로 확대됨. 이 난의 영향으로 막부와 다이묘大名의 쇠퇴가 가속화되어 전국시대戰国時代에 돌입하는 계기가 됨.

후사를 이을 수 없기 때문에 남녀관계는 끊지 못하는 실처럼 오늘까지 겨우 이어오고 있다.

연애에서 남자끼리의 인연만 추앙받던 시대. 그리하여 남자들 간의 우정만 깊어지고 남녀 간의 사랑은 자라나지 않았다. 이게 당시 연애의 현실이었다. 만약 생식生殖이라는 자연의 섭리를 깰 수만 있다면 대부분의 남성은 여성과 혼인하지 않고 '남남상혼男男相婚 = 남자끼리의 결혼'이 주류가 되었을 것이다. 하지만 현실적으로 아이를 낳을 필요가 있었기 때문에 '남녀 간의 결합 = 남녀상혼男女相婚'이 오늘까지 간신히 명맥을 유지하고 있다. 생식의 벽만 없었다면 동성 결혼이 주류가 되었을 것이라는 의미다.

하지만 이런 견해는 다소 극단적이라고 생각한다. 무엇보다 스에카네가 말한 것은 에도시대의 남성일반에 해당되는 것이 아니라 무사계급에 한정되고, 에도시대(봉건제)라고는 해도 시기나 지방에 따라 상당한 차이가 있었기 때문이다.

어쨌든 이상과 같은 점이 메이지 사람이 되돌아 본 '에도시대 성性'의 한 모습이었다는 사실은 중요하다. 이 책에는 또 요즘은 동성애에 대한 악습을 많이 몰아냈지만 진제이鎭西지방에서는 여전히 지지부진하여 개선되지 않고 있다고 부기附記되어 있다. 진제이 지방이란 규슈九州를 의미하며 주로 사쓰마薩摩의 습속을 가리키는 것임은 말할 필요도 없다.

전국시대戰國時代, **사랑받는 소년**寵童

그럼 에도시대를 살펴보기에 앞서 도쿠가와막부 성립이전, 즉 전국시대에는 어떠했는지 이와다 준이치岩田準一의 『남색문헌서지男色文獻書志』를 통해 살펴보기로 하겠다.

1825년 사망한 유학자 오타 긴조大田錦城는 저서 『오창만필梧窓漫筆』에서 아케치 사마노스케明智左馬介[4]와 나오에 가네쓰구直江兼續[5]를 예로 들어 "전국시대에는 남색이 활발하여 미소년孌童 중에서 강한 용사가 아주 많이 나왔다"고 하며 이 둘을 미소년 출신 용감한 무장의 대표라고 했다. 하지만 주군 및 다른 동료와 육체관계를 맺었을 것으로 추측되는 젊은 무사라면 일일이 열거할 수도 없을 만큼 많았을 것이다.

『양생훈養生訓』으로 알려진 가이바라 에키켄貝原益軒[6]은 이시다 미쓰나리石田三成[7]와 오타니 교부노쇼유大谷刑部少輔[8]가 서로 남색관계

---

4 아케치 히데미쓰明智秀滿(1536?~1582) : 전국시대에서 아즈치모모야마安土桃山 시대에 걸쳐 활약한 무장武將. 오다織田 씨의 가신인 아케치 미쓰히데明智光秀의 중신.

5 나오에 가네쓰구直江兼續(1560~1619) : 전국시대에서 에도시대 전기에 걸친 무장武將. 우에스기 가게카쓰上杉景勝의 명 참모로 지장智將. 도요토미 히데요시豊臣秀吉가 "천하의 정치를 안심하고 맡길 수 있다"고 할 정도로 현명한 신하였으며 도쿠가와 이에야스德川家康도 한 수 위로 생각할 정도로 뛰어났다고 함.

6 가이바라 에키켄貝原益軒(1630~1714) : 에도 전기부터 중기에 걸쳐 활동한 유학자. 박물학자. 서민교육가.

7 이시다 미쓰나리石田三成(1560~1600) : 소년시절 도요토미 히데요시에게 발탁되어 가신이 됨. 실전에 강한 용장 타입이 아니라 보급, 수송 등 후방지원과 외교절충 등 관료파적인 재간을 발휘하여 히데요시가 신뢰한 심복이었음. 도쿠가와 측과의 마지막 전투인 '세키가하라関ヶ原 전투'에서 패해 참수 당함.

8 오타니 요시쓰구大谷吉繼(1559~1600) : 교부노쇼유刑部少輔는 관직명. 이시다 미쓰나리와 '문경지우刎頸之友'라고 불릴 정도로 사이가 좋았다고 함.

를 맺고 있었다고 단언했다. 게다가 미쓰나리三成가 오바타 스케로쿠小幡助六라는 뛰어난 미소년 부하를 총애한 이야기를 소개하고 있고(『朝野雜載』), 아사이 료이淺井了意는 『이누하리코狗張子』⁹라는 작품에서 이마카와 우지자네今川氏眞가 미우라 에몬노스케三浦右衛門佐¹⁰를 너무나 사랑한 나머지 밤낮 할 것 없이 곁에 두었다고 했다.

그리고 『무공잡기武功雜記』에는 다음과 같은 내용이 있다. 아군이 총 퇴진할 때 구로다 나가마사黑田長政¹¹를 곁에서 모시던 '하쓰'라는 소년이 용감하게 끝까지 남아 적에게 창을 겨누었다고 하여 나가마사가 소년을 절찬했다. 그런데 이 이야기를 들은 고토 마타베모토쓰구後藤又兵衛基次¹²는 웃으며 "사실은 그 소년도 거기에서 벗어나 적과 멀찍이 떨어져 있었는데. 그의 창은 어지간히 긴가 보군"이라고 말했다고 한다. 그 소년은 나가마사가 총애하는 소년이었다. 마타베又兵衛가 그 사실을 알고 색에 빠진 나가마사를 비꼰 것이다.

---

9 중국의 소설 『속현괴록續玄怪錄』, 『박이지博異志』 등에서 소재로 한 기괴설화 등 45편을 수록한 작품.

10 미우라 에몬노스케三浦右衛門佐(?~1570) : 이마카와 우지자네今川氏真가 농민출신 미우라 에몬노스케와 남색관계를 맺으며 총애하여 가로家老에 임명하고 정치 일체를 맡김. 그것이 원인이 되어 다케다 신겐武田信玄이 스루가駿河를 공격해 왔을 때 모두 일제히 등을 돌려 우지자네는 쫓겨나게 됨.

11 구로다 나가마사黑田長政(1568~1623) : 히데요시秀吉를 따라 임진왜란에 참가. 이시다 미쓰나리石田三成와 대립하여 세키가하라 전투에서는 도쿠가와 이에야스德川家康측에 붙었고 전쟁이 끝난 후 후쿠오카福岡의 성주城主가 됨.

12 고토 모토쓰구後藤基次(1560~1615) : 구로다 조스이黑田如水(나가마사의 아버지), 도요토미 히데요리豊臣秀頼를 섬기며 수많은 전투에서 공을 세움. 통칭은 마타베又兵衛.

전술戰術로서의 남색

과연 전국戰國의 세상이라 할 수 있지 않은가. 그 시대에는 동성 간의 끈끈한 유대가 전략적인 효력을 발휘하는 경우 또한 적지 않았다.『가스가야마 일기春日山日記』에 기록되어 있는 엣추越中[13]의 진보神保 씨가 에치고越後[14]의 우에스기 겐신上杉謙信[15]을 암살하려던 계획도 그 일례라 할 수 있다.

진보 씨에게는 다카기 사덴지高木左伝次라는 부하가 있었다. 사덴지는 당시 16세로 용모가 다이라노 아쓰모리平敦盛[16]에 뒤지지 않을 만큼 평판이 자자한 미소년이었다. 자연히 진보 씨의 총애가 깊어져 한 침실을 사용했음은 물론이고 두 사람은 죽음을 함께할 만큼 강한 유대관계로 맺어져 있었다고 한다.

심신心身 모두 깊은 관계를 맺게 되자 어느 날 진보 씨는 사덴지를 믿고 그에게 중대한 계획을 털어놓았다. 사덴지를 우에스기 겐신上杉謙信 측에 몰래 잠입시켜 뛰어난 미모를 무기로 기회를 만들게 한 뒤 겐신을 암살하고자 한 것이다. 물론 계획은 미수에 그쳤다. 이 이야기가 어느 정도 사실인지 정확하지는 않지만 어쨌든 그와 비슷한

---

13 현재 도야마현富山県.
14 현재 니가타현新潟県.
15 우에스기 겐신上杉謙信(1530~1578) : 전국시대 에치고越後의 무장. 후세, '에치고의 호랑이' 및 '에치고의 용', '군신軍神'이라 불림. 다케다 신겐과 더불어 전국시대 최강의 무장으로서 이름 높음.
16 다이라노 아쓰모리平敦盛(1169~1184) : 다이라노 기요모리平清盛의 조카.『헤이케모노가타리平家物語』에 "용모가 정말로 미려美麗"하다고 기록되어 있으며 '박명薄命의 미소년'이란 이미지가 강함.

전술이 당시 상투적으로 사용되었던 것만은 분명한 것 같다.

『만천집해万川集海』[17]와 같은 진귀한 서적이 있다. 서문에 '엔포延宝 4년(1676)'이라고 기록되어 있으며, 고가甲賀[18] 출신의 후지바야시 야스다케藤林保武가 이가伊賀 및 고가甲賀의 닌자忍者 11명의 비술秘術과 함께 여러 닌자술의 정수精髓를 비롯하여 일본, 중국의 명장名將들의 전략을 모아 기록한 책이다. 에도 초기에 편찬되었지만 내용은 전국시대 이래 온갖 닌자의 전법을 망라하고 있다. 그중 '계남술桂男術'[19]이라는 것이 있는데 이게 바로 진보 씨가 사용한 전략이다. 여차하는 순간에 활용할 수 있도록 미소년이나 소녀를 오래전부터 적진 깊숙이 잠입시켜 두는 등 용모가 수려한 아동을 적진의 혼란이나 암살을 위해 계획적으로 이용하려고 한 전법이다.

비슷한 예를 하나 더 들어보기로 하자.

1479년 아이즈會津의 다카다성高田城이 아시나蘆名 씨의 공격을 받아 함락되었을 때의 일이다. 『신편아이즈풍토기新編會津風土記』(74권)에 수록된 내용에 의하면 그 전투에서도 동성애 관계가 결정적인 역할을 했다고 한다. 아시나 모리다카蘆名盛高(蘆名 씨 제13대 당주)는 자

---

17 1676년 이가伊賀(현재 미에현三重県 서부)의 닌자忍者였던 후지바야시 야스다케가 편찬. 전국시대를 음지에서 떠받치던 닌자는 에도시대에 들어 평화로운 세상이 되자 활약하던 장場을 잃게 됨. 따라서 그때까지 구전으로 전해지던 사용법도 급속히 쇠퇴하자 닌자술이 사라지는 것을 막기 위해 편찬함.
18 고가류甲賀流. 고가甲賀(현재 시가현滋賀県 남부)지방에 전해내려 온 닌자술 유파의 총칭. 산을 하나 사이에 두고 존재한 이가류伊賀流와 함께 가장 유명한 일파一派로 알려짐.
19 달 속에 '계남桂男'이 살고 있다는 것은 중국의 전설. 여기서는 적 가운데 있는 닌자忍者를 가리킴. 즉, 평상시부터 적 안에 닌자를 심어 두는 방법을 말함.

기의 부하가 다카다^{高田} 성주의 모 신하와 깊은 관계를 맺고 있다는 사실을 알고 그 부하를 통해 적진의 정보를 입수한 뒤 수비가 허술할 때를 노려 다카다 성을 공격했다고 한다.

이것은 아시나 씨가 남색관계를 전략적으로 이용한 예이지만 그 반대의 경우도 있다. 1584년 6월, 아시나 모리다카蘆名盛隆(蘆名씨 제 18대 당주)가 부재중인 틈을 타 마쓰모토 유키스케松本行輔와 구리무 라 시모우사栗村下總가 반란을 일으켜 구로카와 성黑川城을 점령했다. 반란은 곧 진압되었지만 『아이즈구사잡고會津旧事雜考』 등에 의하면 이때 유키스케와 시모우사 두 사람을 밀접하게 결합시킨 것은 바로 깊은 남색관계였다고 한다.

| 무장武將들 간의 사랑 | 『무공잡기武功雜記』에는 아시나 모리다 카에 관한 또 다른 에피소드도 소개되어 있다. |

10대의 젊은 나이에 아시나 가문의 당주當主가 된 모리다카는 뛰 어난 무장武將임과 동시에 둘도 없는 미소년이었다. 사다케 요시시 게佐竹義重는 전투하던 중 모리다카에게 반해 연서를 보내다가 마침 내 두 사람은 뜻이 통하게 되었다.

무장들 간의 사랑.

그럼에도 불구하고 두 집안의 전쟁은 좀처럼 끝나지 않았다. 시간 이 흐른 후 아시나 및 사다케의 가신들이 담합하면서 드디어 평화가 이루어졌다. 아시나 모리다카가 사망한 후 아시나 가에서 사다케 요시시게의 아들 요시히로義廣를 양자로 맞아들인 것을 보면 당시 두 가문의 견고한 동맹관계는 역사적으로 사실이었던 것으로 보인다. 그리 된 계기가 모리다카와 요시시게의 애정으로 맺어진 유대관계 때문이었다는 설은 전적으로 신뢰할 순 없지만 전국시대 무장들의 관계를 여실히 보여주는 것만은 사실이다.

아시나 모리다카가 풍기는 성애性愛의 향기.

그런데 그는 그의 죽음에도 남색이 깊이 관련되어 있었다. 『신편 아이즈풍토기』(34권)에 의하면 모리다카는 오바 산자에몬大庭三左衛門이라는 미모의 신하를 총애하고 있었다. 그러나 산자에몬의 용모가 시들어감에 따라 모리다카의 정열도 식어 새로운 상대를 찾게 되었다. 분한 마음이 든 산자에몬은 1584년 10월 6일 구로카와 성에서 모리다카를 살해한 뒤 도망갔다고 한다. 그러나 얼마 지나지 않아 산자에몬은 발각되어 처형당했고 그의 유해가 매장된 곳에는 오륜탑이 세워져 '청오탑靑五塔'이라고 불렸다. 그 탑에는 흠집이 생기면 피를 흘린다는 기담奇談이 전해온다.

전국시대의 동성애 풍습이 기록되어 있는 것은 군기軍記나 잡사雜史류뿐만 아니다. 16세기 후반 일본의 풍속이나 정치 상황을 적나라하게 기록한 루이스 프로이스[20]도 그 부분에 대해 언급하고 있고, 또

---

20 Luís Fróis(1532~1597) : 포르투갈 출신 가톨릭 사제. 선교사. 전국시대 일본에서 선교하고 오다 노부나가織田信長, 도요토미 히데요시豊臣秀吉 등과도 회견했으며 전국시대 연구에 귀중한 자료인 『일본사日本史』저술.

에도막부 성립 후 1611년 처음 일본에 온 에스파냐의 탐험 항해가 세바스찬 비스카이노Sebastián Vizcaíno도 "일본에서는 승려가 소년을 1명씩 두고 그 소년과 함께 잠드는 것이 일반적"[21]이라고 했다. 그 외에도 귀족, 승려, 렌가시連歌師[22]의 일기나 기행, 또는 『세이스이쇼醒睡笑』와 같이 재미있는 이야기를 수록한 이야기집이나 교카狂歌에 이르기까지 동성애 사례를 직간접으로 기록한 사료는 아주 많다.

그중에서 다케다 신겐武田信玄[23]의 경우는 확실한 사료적 증거가 남아 있다는 점에서 압권이다. 즉, 사랑하는 소년에게 보낸 그의 자필 맹세문이 현존하고 있는 것이다.[24]

소년의 이름은 가스가 겐스케春日源助, 후의 고사카 단조토라쓰나高坂彈正虎綱이다. 맹세문은 하루노부(신겐)가 겐스케에게 "야시치로弥七郎와 동침한 적은 한 번도 없다. 오늘 밤만 해도 생각지도 못했던 일"이라며 결백을 주장하는 내용이다. 말하자면 소년에 대한 연정戀情을 최대한 토로한 러브레터였다.

---

21 村上直次郎 譯註, 『ビスカイノ金銀島探險報告』, 『異國叢書』, 雄松堂書店, 1966 수록.
22 렌가連歌란 두 사람 이상이 와카和歌의 상구上句(5·7·5)와 하구下句(7·7)를 서로 번갈아 읊어나가는 형식의 시가詩歌를 말함. 렌가시連歌師는 전문적인 렌가 작가를 말함.
23 전국시대의 무장. 가이甲斐(현재 야마나시山梨현)의 영주. 휘諱는 하루노부晴信. 신겐信玄은 출가 후 법명. 에도시대부터 근현대에 걸쳐 '카이甲斐의 호랑이', 용인장龍印章을 사용했다고 해서 '카이의 용'으로 불리는 등, 무적이라 불린 기마군단을 이끌며 우에스기 겐신의 호적수라는 인물상이 형성됨.
24 二木謙一, 『戰國武将の手紙を読む』, 角川書店, 1991.

부교奉行[25]와 여자역할을 하는 배우女形[26]

에도막부가 도요토미豊臣가를 멸망시키고 도쿠가와德川시대에 접어들면서 평화가 찾아오자 전국시대의 기풍과 습속은 급속히 퇴색되어 갔다. 하지만 유독 남색만은 18세기 중엽이 지날 때까지도 그 열기가 쉽사리 식지 않았던 것 같다. 오히려 한층 더 화려한 빛을 발했다. 에도시대에 이르러 사료는 전국시대와 비교가 안 될 만큼 풍부하고 남성 간의 동성애에 관한 사례도 일일이 열거할 수 없을 정도로 많다.

일례로 『속편무림은견록續編武林隱見錄』(1750)부터 살펴보기로 하자. 8권에 수록된 「이즈모노카미出雲守 시마다嶋田가 다키이 산자부로瀧井山三郎를 사랑한 이야기」(부록 : 다키이 독살)는 가부키歌舞伎에서 젊은 여자역할을 하던 배우 다키이 산자부로가 흥행권을 얻기 위해 나카무라 간자부로中村勘三郎를 독살하려다가 오히려 독살당하는 내용이다. 이즈모노카미의 총애를 받게 된 산자부로가 야심을 부렸기 때문이라고 한다. 그중에는 당시 화제의 인물이었던 이즈모노카미出雲守의 "다키이 산자부로를 향한 사랑은 이루 말로 표현할 수 없을 정도였다"는 내용도 보인다.

이즈모노카미出雲守 시마다 도시키嶋田利木는 나가사키 부교長崎奉行를 거쳐 1667년 2월 21일(윤달) 에도의 마치부교町奉行에 취임했

---

25 무가武家시대 행정부서의 우두머리.
26 가부키에서 젊은 여성 역을 하는 배우. 1629년 에도막부가 가부키 등의 무대에 여성을 세우지 못하게 하면서 등장함.

무사와 미소년 사이카쿠西鶴. (『男色大鑑』, 國立國會圖書館)

다. 마치부교와 여자역할을 하는 배우의 공공연한 관계. 그 때문이 었는지 확실하지는 않지만 시마다는 에도막부의 쇼군이 이에쓰나家綱에서 쓰나요시綱吉로 바뀌자 직무태만이라는 견책譴責을 받고 폐문閉門당했다(『寛政重修諸家譜』).

앞에서 인용한 아마노 나가시게의 『사충지집』에서도 하나 인용해 보기로 하겠다. 나가시게는 1681년 8월 21일 교토와 오사카로 출장 가는 다카이 사쿠자에몬高井作左衛門에게 다음 3가지 주의사항을 내렸다.

첫째, 주인의 명성이 손상되지 않도록 동료와 서로의 나쁜 점을 지적하여 개선하라.

셋째, 자나 깨나 충절을 명심하도록 하고 동시에 화재와 도난에 엄중히 주의하라.

그리고 두 번째 주의사항은 바로 "무사히 임무를 마치고 에도에 돌아올 때까지 너희들은 성행위를 하지 말라. 호색好色한 마음이 생기면 어떻게든 노력하여 떨쳐내도록 하라. 그러기 위해서 색정色情을 자아내는 물건에 대해서는 보지도 듣지도 말하지도 말라"고 했다.

그런데 정욕이 생기게 되는 일반적인 대상으로 용모가 아름다운 남녀를 꼽았는데 그 점에 주목할 필요가 있다. 당시 보통 남성들에게 미소년은 미녀와 동급으로 성적 대상이었다는 사실을 엿볼 수 있다.

하야시 라잔林羅山,[27]
남색을 읊다

지위가 좀 더 높은 쪽으로 시각을 돌려 보기로 하자.

고노에 노부히로近衛信尋는 1623년 관백關白[28]에 임명된 귀족이자 동시에 고미즈노오後水尾 천황을 중심으로 한 학문, 예술 살롱을 대표하는 문화인으로 잘 알려져 있다. 젊은 시절 대단한 미소년이었기 때문일 것이다. 그에게도 소년애를 둘러싼 소문이 있었다. 발군의 미소년이었기 때문인지 다테 마사무네伊達政宗,[29] 도도 다카토라藤堂高虎,[30] 야규 무네노리柳生宗矩 등 무장들이 교토京都에 가면 편하게 출입했으며 마사무네와 특히 친밀한 관계였다고 한다.[31]

문화인이라고 하면 에도시대 초기의 대표적 유학자 중 한 명인 하야시 라잔 역시 이 세계와 무관하지 않다. 무관하기는커녕 1618년 도쿠가와 가에 몸담고 있던 그는 36세 때 "두 사람이 동시에 한 소년

27 하야시 라잔林羅山(1583~1657) : 에도 초기의 주자학파 유학자. 라잔羅山은 호, 휘는 노부카쓰信勝.
28 명목적으로는 천황의 대리로서 정치를 하는 관직명. 천황이 어리거나 병약해서 대권을 전면적으로 대행하는 섭정攝政과는 달리, 관백의 경우 최종 결재자는 어디까지나 천황임.
29 다테 마사무네伊達政宗(1567~1636) : 전국시대의 무장. 어린 시절 천연두로 한쪽 눈을 잃음. 궁지에 몰리거나 유사시에 주변정세를 읽을 수 있는 사람으로 변모하는 처세술에 뛰어남. 초대 센다이仙臺 번의 번주.
30 도도 다카토라藤堂高虎(1556~1630) : 히데요시가 죽은 후 재빨리 도쿠가와 이에야스에 접근하여 첩보역할을 담당하고 정보분석에 힘써 몇 번이나 이에야스를 위급에서 구해냄. 히데요시가 죽은 후에 벌어진 '세키가하라전투'에서 도요토미의 은혜를 입은 무장이면서 이에야스 편에 섰으며 몇 번이나 주군을 바꾸었다고 해서 배신자의 대명사로 취급됨.
31 『白石先生紳書 - 日本隨筆大成 III-12』, 吉川弘文館, 1977.

늠름한 미소년과 우락부락한 하인.
주종관계의 유대는 때로 성애의 향기를 감돌게 했다.(『八十翁疇昔話』)

을 만난다는 이야기를 듣고 이에 한 수 읊다"라는 제목으로 다음과
같은 칠언절구七言絶句를 지었다.

　　酒力茶煙莨蕩風　少年座上是仙童

　　遠公不破邪婬戒　男色今看三咲中

　이 시는 『라잔하야시선생별집羅山林先生別集』에 수록되어 있다.
『별집』은 소년기의 작품이나 사정이 있어 내놓지 못한 시문詩文을
모아 놓은 것이라 할 수 있다. 남색을 읊은 이 시는 어쩌면 막부의 외
교, 법령, 전례典禮 등의 정비에 참여한 유학자에게 어울리지 않는다
는 판단에서 『별집』에 수록한 것일지도 모른다.

　술에 취해 마음도 들떠 차를 끓이는 연기와 담배연기가 서로 뒤섞인다.
그런 편안한 곳에서 선동仙童처럼 아름다운 소년을 상대로 하고 있는 두
사람. 여산廬山의 절에서 금족禁足의 맹세를 했던 혜원慧遠이 도연명陶淵明
과 육수정陸修靜을 배웅하다가 자기도 모르게 호계虎溪를 건너자 셋이서
크게 웃었다고 하는 중국의 고사故事가 있다. 사음邪婬을 멀리하겠다고 맹
세한 나였건만 오늘 나도 모르게 남색의 유희를 아주 가까이에서 접하고
말았구나. 하하.

　중국 동진東晉의 명승 혜원(334~416)의 '호계삼소虎溪三笑'를 가져
와 읊은 부분은 과연 일류 지식인답다고 할 수 있다. 그렇지만 이 시

에는 사음邪淫하는 현장을 마주한 유학자의 완고한 모습은 찾아볼 수 없다. 남색의 유희쯤이야 큰소리로 웃어넘길 수 있다는 분위기 속에서 아주 밝게 읊고 있다. 분명 그런 분위기이다.

소년시절 라잔이 가르침을 받은 에이호 에이유英甫永雄 역시 남색에 관해 많이 읊었다. 역사 교과서에서 받은 인상과는 약간 달리 하야시 라잔 역시 남색유행시대를 살아간 동시대인이었음에 틀림없다.

조선통신사의 시선

동성애의 유행을 증명해주는 다양한 기록이나 사료를 통해 남색이 요즘의 상상을 초월할 정도로 왕성했다는 것은 당시 일본을 방문한 이방인의 증언으로도 확실히 알 수 있다.

라잔이 칠언절구를 읊은 지 백여 년 후인 1719년 4월, 한성(현재 서울)을 출발한 조선통신사 일행은 10월 에도에 도착하여 이듬해 1월 귀국 보고를 했다. 통신사 일원이었던 신유한申維翰은 귀국 후 9개월여에 걸친 일기를 바탕으로 일본을 관찰한 결과를 담은 일본견문잡록을 편찬했다. 『해유록海遊錄』이라는 제목의 이 기록은 당시 일본의 풍속, 습관을 외부에서 비판적으로 바라본 사료라는 점에서 아주 흥미롭다.

예를 들어 신유한은 일본여성을 관찰한 후 "여성의 용모는 대개 요염하고 아름답다. 화장을 하지 않아도 대체로 피부가 곱고 하얗다"고 했다.

이하 그가 관찰한 것을 요약하면 일본의 여성은 아름답고 대체로 우호적이고 친하기 쉽다. 하지만 나이 어린 남자의 머리나 뺨을 아무렇지 않게 만지거나 사람이 모여 있는 장소에서 부끄러워하는 기색도 없이 어울리는 것은 좀 거슬린다. 특히 안 좋은 것은 결혼풍습이다. 조선에서는 동성불취同姓不聚의 원칙이 지켜져 오고 있는데 비해 일본에서는 동성과의 혼인도 기피하지 않고 형수나 동생의 부인이라도 과부가 되면 아내로 맞이하여 부양할 정도이다.

음란한 행실은 금수禽獸와 같고 집집마다 반드시 욕실을 갖추어 남녀가 함께 알몸으로 입욕하고 대낮부터 서로 어울린다.

신유한의 눈살을 찌푸리게 한 것 중 하나는 일본인의 성 풍속이었다. 일본인 입장에서 보면 그가 유곽과 일반 가정집을 착각한 게 아닐까 싶은 부분도 있지만 어쨌든 요염한 남녀 간의 정百媚千嬌 雲情雨態을 그린 우키요에浮世繪32 및 유명한 성城이나 큰 가게에는 전부 유곽이 있다고 하는 등 어마어마한 매춘시설이 그의 뇌리에 깊이 새겨진 것 같다. "이 얼마나 음탕한 풍속인가"라고 조선의 지식인은 느꼈을 것이다. 그리고 그가 특히 인상적으로 느낀 것은 남창男娼들의 화려함이었다.

---

32 에도시대에 성립된 회화 장르. 연극, 고전문학, 와카和歌, 풍속, 지역의 전설과 기담, 초상, 정물, 풍경, 문명개화, 종교 등 소재가 다양함. 우키요浮世라는 말에는 '현대풍現代風'이라는 의미도 있어서 당대의 풍속을 그린 풍속화라고 할 수 있음.

일본 남창의 요염함은 여색女色의 두 배이다. 사람들의 마음을 움직이고 현혹시키는 것 또한 여색의 두 배나 된다. (…중략…) 군주를 비롯하여 부호, 서민들 모두 재물을 쏟아 부어 남창을 구해 일상생활에서 반드시 뒤따르게 하고 탐닉하며 싫증낼 줄을 몰랐다.

소년들에게는 주인이 있어서 편하게 말을 걸거나 웃을 수 없었다. 오히려 다른 사람의 부인이나 첩을 빼앗는 편이 쉽다고 적고 있다. 그가 남색이 성행한 풍속을 비난하며 "당신 나라의 풍속은 기괴하기 짝이 없다"고 말하자 통신사 접대를 맡았던 아메노모리 호슈雨森芳洲가 웃으며 말하기를 "학사學士는 아직 그 즐거움을 알지 못할 뿐입니다"라고 대답했다고 한다.

"당신은 남색의 즐거움을 알지 못하기 때문에 그렇게 말하는 겁니다"라고 답한 것이다. 이런 대답을 듣자 신유한은 "아메노모리 같은 사람도 이렇게 말할 정도도. 나라의 풍속이 어지러워져 있다는 것을 알 수 있다"고 탄식하는 수밖에 없었다. 남자끼리 서로 사랑하는 풍습, 화려한 남창들, 동성애의 끈끈한 유대.

보통의 성性 　　동성애자에 대해 가지고 있는 보편적인 개념과 이미지는 사실 특정한 역사적 산물에 지나지 않는 건 아닐까.

영국의 역사가 알렌 브레이는 여기에 문제의식을 가지고 "근래 영국에서 동성애자에 대해 가지고 있는 이미지는 17세기 말 개개인에 대한 관심의 고양과 다원적인 세계관의 수용이라는 사상정신계의 획기적인 변화에 따라 발생한 것"이라고 보았다.[33] 즉 "다원적인 세계라는 관념이 용이하게 받아들여지게 되면서 동성애도 (…중략…) 개개의 문화적 특징"임을 인정하게 되고 그리하여 비로소 현대적인 동성애의 개념이 등장했다는 것이다.

17세기 초까지는 동성애자를 지칭할 만한 적당한 말이 없었고, 굳이 말하면 신의 질서나 존재의 연쇄連鎖에서 벗어난 무질서한 성적관계 중 하나이자 어둠의 일부에 지나지 않는다고 인식했다. 따라서 당시 서구문화에서는 상징으로서의 동성애를 대단히 혐오했지만, 또 다른 한편에서는 동성애가 대규모로 뿌리 깊게 자라고 있었다. 동성애 행위는 사회적으로 애매한 형태로 널리 침투해있긴 했지만 18세기에 비하면 훨씬 눈에 덜 띄는 존재였다고 브레이는 말하고 있다.

17세기 중엽 이후 영국사회가 경험한 정신세계의 대변화(근대사회로의 격동) 과정에서 동성애자에 대한 특수이미지가 형성되었다는 구도를 그대로 동시대의 일본에 적용할 수는 없을 것이다. 하지만 근대화를 향한 대변화가 시작되기 전, 동성애가 단순한 성행위의 하나로 간주되어 눈에 띄지 않은 채 애매한 형태로 사회에 널리 침투해 있었다는 점은 어느 정도 동시대 일본에도 통할 수 있을 것 같다.

특히 사회질서 및 평화를 방해하거나 가부장제적 관습에 위반되

---

33 アラン ブレイ, 田口孝夫・山本雅男 譯, 『同性愛の社會史―イギリス・ルネサンス』, 彩流社, 1993.

지 않는 한 "동성애는 무시된 것이나 다름없던" 전근대 영국사회의 현상은 고쇼小姓나 가부키 배우들의 동성애 사례에서 볼 수 있듯 에도의 상황과 비슷한 느낌을 갖게 해준다. 질서나 평화를 어지럽히지 않는 한, 즉 과도하게 방탕한 행위(음탕)에 이르지 않는 한 실질적으로 묵인되었던 동성애.

에도시대, 특히 전기前期의 남색풍속을 떠받치고 있던 바탕에도 남자끼리의 성애를 특별히 이상하게 보거나 죄악시하지 않았던 당시 사회의 인식이 있었다. 남색이 얼마나 아무렇지 않게 취급되었는지, 즉 이성간의 성애와 다를 바 없이 취급되고 있었는지 보여주는 몇 몇 자료를 예로 들어 보기로 하겠다.

| **여색과 남색** | 미토水戸 도쿠가와 가家를 섬기고 있던 유학자 나카무라 요시나오中村良直는 "경국傾國과 젊은 사내는 옳지 않다. 하지만 젊은 시절 한 두 번은 있 |

을 수도 있는 일이므로 정情을 푸는 것이 좋다"고 아마노 나가시게天野長重가 했던 말을 저서에 남기고 있다(『中村雑記』).

나가시게는 경국(유녀)과 젊은 사내(남창)를 동등하게 나열하며 남창이 남색의 상대라고 해서 특별히 죄악시하지도 이상하게 취급하지도 않았다. 오히려 젊은 시절에는 유녀(여색)와 함께 남창(남색)도 한두 번 정도는 경험해 보는 게 좋고, 그렇게 함으로써 청년기의 답답한 마음도 조금은 풀릴 것이라며 권하기까지 했다.

거리의 무사풍속.(〈江戶名所圖屛風〉, 出光美術館)

『무사로서는武士としては』은 풍부한 사례를 통해 무사의 마음가짐에 대해 서술한 책으로 18세기 전반에 성립된 것으로 추정된다. 이 책에는 무사로서 도를 넘으면 안 되는 사항으로 사욕私欲, 편애, 여색, 소년애童愛, 술과 음식酒食 등을 열거하고 있는데 여기서도 소년애가 여색이나 술, 음식과 똑같이 취급되고 있다.

1761년 4월, 요다 긴주로依田金十郎 외 막부의 제국순견사諸國巡見使가 가가加賀 번 가나자와金澤에 도착했다. 순견사의 임무는 번의 상황을 직접 감찰하고 또 영주들이 정치를 잘하는지 못하는지 막부에 보고하는 일이었다. 그러므로 자연히 영주 측은 영내領內의 상황을 좀 더 잘 보이기 위해 순견사의 질문에 대비하여 모범답안을 작성하거나 순견사의 우대, 회유를 위해 노력하는 게 보통이었다. 한편 막부로서는 순견사가 접대나 금품으로 인해 중요한 업무를 소홀히 하면 안 되기 때문에 숙소에서 나오는 요리의 수나 구매하는 상품의 가격에 이르기까지 세세하게 규제를 마련해 두고 있었다.

그래서 이때에도 순견사 일행은 숙소에 딸린 조그만 곁방에까지 금지사항을 항목별로 적은 종이를 붙여놓았다고 한다(『加賀藩史料』第8編「泰雲公御年譜」). 금지조항에는 '불조심 할 것'이나 '도박 등 각종 내기를 하지 말 것' 등과 함께 '남녀색도男女色道를 금할 것'이라는 항목이 있었다. '남녀색도'란 남과 여의 성행위가 아니라 남색과 여색이라는 의미이며 그 둘 다 금지했던 것이다.

**안방마님의
할복**

『속편무림은견록』에는 1708년 간조부교勘
定奉行[34]에 취임한 오쿠보 다다카大久保忠香에
대해 "젊은 시절 유녀, 남창에 빠져 일상적인
즐거움으로 삼고 있었다"라고 평한 부분이 있다. 여색, 남색 할 것 없
이 성性의 즐거움에 빠져 있었다는 것인데 소위 양성애자에 대해 다
음과 같은 이야기도 전하고 있다.

히로시마廣島 번의 번주 아사노 요시나가淺野吉長는 신요시와라新吉
原[35]의 유녀를 돈으로 빼내었을 뿐만 아니라 남창인 가게마蔭間에게
도 마음을 뺏겨 역시 돈으로 빼내었다. 그런데 영지로 돌아갈 때 유
녀와 남창을 동반하려고 하니 보통일이 아니었다. 요시나가의 부인
은 뛰어난 영주로 명성이 자자했던 가가 번주 마에다 쓰나노리前田綱
紀의 딸 세쓰히메節姬였다. 자부심이 강했던 부인은 보다 못해 요시
나가에게 간언했지만 받아들여지지 않았고 번주가 귀국할 때 결국
유녀와 남창은 화려한 차림을 과시하며 동행했다고 한다.

업신여김을 당한 부인은 분한 마음에 방에 틀어박혀 유서를 작성
한 뒤 51세를 일기로 처절하게 할복했다. 1730년 9월의 일이었다.

---

34 에도시대의 관직명. 막부재정의 운영이나 각 지방관의 통솔, 또 막부 직할지의
   징세, 금전, 곡물의 출납, 영내 민중의 소송 등을 담당.
35 1617년 각지에 산재해 있던 유곽을 모아 막부에 출원出願하여 인가를 받고 그 다
   음해 영업을 시작함. 1657년에 발생한 대화재明曆の火事로 니혼바시日本橋의 요시
   와라 유곽이 소실. 막부가 열린 당시와는 비교가 안 될 정도로 주변의 도시화가
   진행되고 있었기 때문에 아사쿠사淺草의 논으로 이전하라는 명이 내림. 이전 니혼
   바시에 있던 것을 모토요시와라元吉原라 하고 아사쿠사로 옮긴 것은 정식으로는
   신요시와라, 약칭하여 요시와라라고 함.

이 이야기는 『속점득잡기續漸得雜記』(『加賀藩史料』第6編)에 실려 있다. 사건의 진위 여부는 차치하더라도 이를 통해 남색에 대한 당시의 인식을 엿볼 수 있어서 흥미롭다. 부인은 아사노 요시나가에게 이렇게 간언했다.

다이묘(영주)가 유흥을 즐기면서 놀이 상대를 돈으로 빼내는 정도는 있을 수 있겠지만 영지領地까지 데리고 가려는 것은 지나친 처사이며, 무엇보다 쇼군將軍의 귀에 들어가게 되면 좋지 않을 것입니다.

요컨대 유녀나 남창을 영지까지 동반하는 것은 너무 비상식적이다. 그러나 유녀나 남창을 돈으로 빼내는 것 자체는 다이묘大名로써 할 수도 있는 행위라고 남편의 남색행위 자체에 대해서는 의외로 나무라지 않았다.

겐로쿠元祿시대 전국 다이묘의 평판기라고도 할 수 있는 『도카이코슈기土芥寇讎記』[36]를 보면 그와 같은 사실을 더욱 분명히 알 수 있다. 이 책에는 쓰津[37]의 번주 도도 다카히사藤堂高久를 "남색이나 여색에 빠지지 않았다"고 평하고, 또 돗토리 번鳥取藩의 번주 마쓰다이라 쓰나키요松平綱淸는 "남색과 여색 모두 즐겼다"라고 서술하고 있

---

36 각 번의 번주와 정치상황을 해설한 책. 당시의 정치상황이나 각 번에 대한 인식을 나타낸 희귀한 자료로서 주목할 만하지만 편저자명이나 제작된 목적이 명확하지 않음.

37 현재 미에현三重県 중부에 위치하는 도시로 현청 소재지.

는데 남색이 여색과 거의 똑같이 아주 보통으로 등장한다.

그뿐만 아니다. 야마가타 번山形藩의 번주 마쓰다이라 나오노리松平直矩를 평하면서 "미소년을 사랑하는 것 자체는 잘못되었다고 할 수 없다"라고 한 것을 보면 남색(소년애)을 무조건 잘못이라고 여기지 않았던 것만은 분명하다. 마찬가지로 다나베 번田辺藩의 번주 마키노 도미시게牧野富成에 대해서는 "미소년을 사랑하는 것이 여자에게 음란한 짓을 하는 것보다는 낫다"고 하고, 다카쓰키 번高槻藩의 번주 나가이 나오타다永井直只에 대해서도 "미소년을 사랑하는 정도가 심하지 않고 푹 빠지지만 않으면 상관없을 것"이라고 했다. 다이묘 및 하타모토의 소년애 취향은 번의 정치와 가정에 분란을 일으키지 않는 한 용인되었던 것이다.

| 노 유학자의 걱정 | 1731년, 70대 중반이 넘은 노 유학자 사젠 셋케이佐善雪溪는 번주 도도 다카하루藤堂高治의 초대를 받아 쓰津에 갔다. 그 후 에도로 돌

아온 셋케이는 젊은 번주 다카하루에게 의견서를 올렸다. 그는 의견서(『佐善雪溪上書』)에 "영주님께는 이렇다 할 결점은 없습니다만 단지 색욕이 걱정됩니다"라고 솔직하게 적은 뒤 다음과 같이 덧붙였다.

여색에 빠져 혹여 중상모략을 믿을 염려는 적었습니다. 다만 정욕이 도를 넘지 않으면 좋겠습니다. 특히 남색은 한 번이 곧 두 번이 됩니다. 그리고 이세(伊勢)의 경우를 보건대 남색을 즐기면 대부분 자녀가 없습니다.

색욕과 관련된 걱정. 하지만 젊은 영주에게는 여색에 빠져 총애하는 첩의 중상모략을 아무 근거도 없이 받아들여 정치를 잘못할 염려는 없었던 것 같다. 지나치게 도를 넘지만 않는다면 말이다. 셋케이로서는 그저 과도한 색욕으로 인해 건강에 악영향을 미칠까 걱정했을 뿐이었다. 걱정거리는 여색이 아니라 남색 쪽이었다.

아무래도 다카하루는 남색 애호자였던 것 같다. 남색은 한 번이 곧 두 번이 된다는 말은 계속되거나 또는 버릇이 된다는 의미이므로 자연히 과도한 색욕에 따른 폐해가 나타나기 쉽고 양생(養生)에 장해가 된다. 게다가 심해지면 아무래도 여성과의 관계가 소홀해져서 후사를 갖기 힘들어진다. 이러한 점을 충분히 고려하여 주의하라는 것이었다. 여기서도 남색에 대해 날카롭게 비판하는 태도는 전혀 찾아볼 수 없다. 남색은 분명 도를 넘기 쉽고 또 생식활동을 저해하는 중대한 결점이 있다.

하지만 그것은 방탕한 여색의 경우에도 별반 다를 바 없지 않은가. 남색과 여색, 어느 쪽이 나쁘다는 것이 아니라 셋케이로서는 건강을 해치고 정치에 혼란을 초래하는 그런 방탕한 성행위의 일반적인 폐해를 말하고 있는데 불과하다. 남색을 즐긴다고 해서 새삼스럽게 영주님의 성(性)문제를 개선하라고 요구한 것은 아니다.

시선을 촌단위로 옮겨보면 1689년 조슈上州 오우라군邑樂郡 오쿠보무라大久保村[38]의 다카세 젠베高瀬善兵衛가 작성한 가훈家訓에 다음과 같은 부분이 있다.

유녀와 남창 및 도박에 빠지면 (…중략…) 유녀를 사게 되고 남창을 사게 되고 도박을 하게 되어 대대로 물려받은 재물을 파는 지경에 이르러 처자妻子 등에게 폐를 끼치게 되므로 그런 마음이 생기지 않게 사전에 미리 가까이 하지 않도록 철저히 조심한다.

남색은 여색과 마찬가지로 두 가지 길 중 하나이며 남창을 사는 것은 유녀를 사는 것 및 도박하는 것과 동등하게 취급되고 있다. 유녀나 남창에 완전히 빠지거나 도박에 몰두하는 것은 바람직하지 않은 행위이며 가산을 탕진하는 원인이 된다. 그러므로 이러한 3대악 중 어느 하나라도 물든 자와 교제하면 안 된다고 자손을 훈계하고 있다. 그런데 여기서도 남창을 사는 것이 이상한 성행위라고 하여 동성애를 배제하려는 의식은 나타나 있지 않다.

다이묘들의 세계에서와 마찬가지로 남색은 방탕생활을 초래하고 더 나아가서는 가문의 몰락을 가져오기 때문에 나쁜 것이지 방탕한 여색이나 도박과 전혀 구별하지 않고 있다. 해악도害惡度 면에서 그 이상도 그 이하도 아닌 것으로 간주된 것이다.

---

38 현재 군마현群馬県 이타쿠라초板倉町.

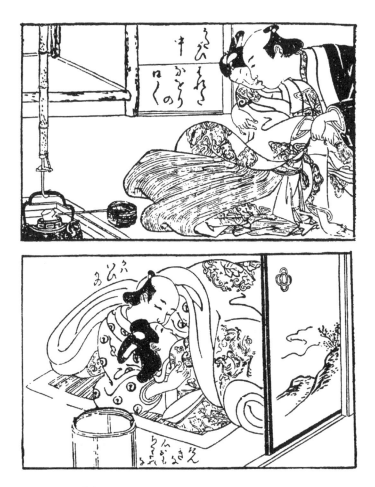

「男色山路露」에서.
위 : 〈차(茶)로 느끼는 사랑〉
아래 : 〈연모하는 마음〉(『近世庶民文化』제13호)

솟켄선생息軒先生[39]의 가르침

1870년 신정부를 전복하려는 음모를 꾀했다는 죄목으로 27세에 처형된 구모이 다쓰오雲井龍雄라는 젊은이가 있었다. 그가 에도 번저江戶藩邸에서의 근무를 마치고 요네자와米澤에 돌아와 있을 때라고 하는 것으로 보아 1866년 무렵으로 추측된다. 20대 중반이 채 되지 않은 그의 책상에는 항상 한 폭의 족자가 소중히 놓여 있었다.

다쓰오가 에도에서 야스이 솟켄安井息軒의 학숙을 다닐 때 학업이나 사회에 관한 여러 의문점 수 백 가지를 적어 솟켄 선생에게 답을 구한 적이 있었다. 선생은 하나하나 주를 달아가며 답해 주었다. 그는 그 질의 응답서를 족자로 만들어 책상 위에 두고 스스로를 채찍질했다. 1894년 간행된 『구모이 다쓰오 전집雲井龍雄全集』에는 스승과 제자의 문답내용이 담겨 있다.

내용은 다음과 같다.

다쓰오의 질문 18~9세 때는 색욕이 발동하여 스스로 자제가 안 되어 종종 면학에 방해가 됩니다. 이를 방지할 방도가 없는지요.

솟켄 선생의 답변 색욕은 천성天性이므로 이를 방지하기란 아주 어려운 일이다. 하지만 색정이 발동할 때 부단히 문무를 쌓아 발동할 틈을 주지 말아야 한다. 그래도 멈출 수 없으면 남색으로 푸는 것이 여색에 빠지

---

[39] 야스이 솟켄安井息軒(1799~1876) : 에도시대의 유학자. 솟켄은 호. 근대한학의 기초를 세움.

는 것보다는 낫다.

성욕이 생기는 것은 자연스런 일이며 억누르기 어렵다. 어쨌든 열심히 배우고 열심히 단련하는 수밖에 없다. 문무의 학업에 몰두하면 정욕도 없어질 것이라고 답변한 앞부분은 흔하디흔한 이야기이다. 면학과 운동에 힘써서 성욕을 발산하라는 것이다. 문제는 그 뒤에 이어지는 말이다. 슛켄은 "그래도 성욕을 누를 수 없고 참을 수 없으면 그때는 남색으로 발산하는 것이 좋다. 적어도 여성에게 탐닉하는 것보다는 낫다"라고 말했다. 장래가 촉망되는 소중한 제자에게 진지하게 이렇게 충고한 것이다.

남색의 권유.

야스이 슛켄이 왜 이런 가르침을 내렸는지 자세한 배경은 알 수 없다. 어쩌면 슛켄은 에도 전기의 유학자 구마자와 반잔熊澤蕃山[40]의 이론을 본 적이 있는지도 모른다. 반잔의 '남색용인론'은 당시 꽤 유명했던 것으로 보인다. 왜냐하면 반잔의 이론을 인용한 경우는 이외에도 많이 있기 때문이다.

---

40 구마자와 반잔熊澤蕃山(1619~1691) : 에도시대 초기의 유학자, 양명학자로서 유명. 나카에 도주에게 배우고 오카야마 번岡山藩에서 치적을 쌓았으나 주위의 시샘으로 낭인이 됨. 사숙私塾을 열었지만 중농주의적重農主義的 입장에서 막부를 비판했다는 이유로 부득이 칩거, 근신생활을 하게 되는 파란만장했던 인물.

반잔蕃山의 주장

구마자와 반잔의 이름은 하쿠케이白繼, 자字는 료카이了介이며 불감산인不敢散人, 불영산인不盈散人 등으로 일컬어진 인물이다. 교토京都 출생. 8세에 외조부 구마자와 모리히사熊澤守久의 양자가 되었고 16세에 오카야마岡山 번주 이케다 미쓰마사池田光政의 시동侍童이 되었다. 하지만 20세에 사직하고 나카에 도주中江藤樹[41]에게 입문하는 등 학업에 힘쓴 결과 재능을 높이 평가받아 다시 오카야마 번에서 일하게 되었다. 그 후 3천 석 정도의 번사藩士로 발탁될 만큼 신임을 얻어 기근대책, 치수 등 각 방면에서 뛰어난 업적을 세웠다.

39세에 은퇴하고 난 후에도 막부나 제후諸侯들의 부름을 가끔 받았지만 『대학혹문大學或問』[42]의 내용으로 인해 막부에 의해 금고禁錮당하기도 했으며, 1691년 8월 시모우사下總의 고가古河에서 73세로 생을 마감했다. 당시 '심학心學'이라 불린 그의 학문에는 비판도 많았지만 현실적인 경세론經世論에 찬동하는 자도 많았고 후진들에게 미친 영향 역시 적지 않았다.

반잔의 저서 『집의외서集義外書』(10권)에는 남색의 시비是非를 둘러싸고 논쟁을 벌인 내용이 있다. 글자 수로 따지면 3천자 정도의 분량이다. 의문을 던지는 '심우心友(마음을 서로 나누는 친한 벗)'에게 반잔

---

41 나카에 도주中江藤樹(1608~1648) : 에도 초기의 유학자로 일본의 양명학의 시조. 사람을 평등하게 대하고 사랑하고 존중하는 마음을 소중히 하고 어머니에 대한 효심으로 유명.
42 구마자와 반잔이 지은 경제정책서. 막부정치를 비판한 내용으로 유폐됨.

이 대답하는 문답형식이다.

이 문답은 아주 흥미롭기 때문에 원문을 음미하면서 읽으면 좋겠지만 독자들이 기피할 염려가 있으므로 부족하나마 구어로 번역한 것을 소개해 보기로 하겠다. 먼저 '심우'의 질문부터 보기로 하자.

심우　　당신은 남색이라도 상관없다고 했을 뿐만 아니라 나카에 도주 씨가 문하생에게 남색을 금지한 것은 이치에 맞지 않는다고 말씀하셨다고 하는데 사실입니까?

반잔　　남색의 역사는 아주 먼 옛날로 거슬러 올라갑니다만 중국의 성인들은 남색을 잘못이라고 하지 않았습니다. 송나라의 주돈이周敦頤, 이정자二程子,[43] 주희朱熹 등 이름난 유학자들이 남색을 금지했다는 말은 들어보지 못했습니다. 왜냐하면 그들도 남색의 정은 억누를 수 없다는 사실을 잘 알고 있었기 때문입니다. 따라서 나카에 씨가 남색을 엄격히 배격한 것은 글쎄요, 젊은 혈기 탓이지 않을까 합니다. 나카에 씨도 좀 더 나이를 먹었다면 그런 말은 하지 않았을 겁니다. 내가 이 점에 대해 나카에 씨를 비판했다고요? 아니요, 절대 그렇지 않습니다. 동지에게 남색은 적극적으로 권할 만한 것은 아니지만 그렇다고 해서 완고하게 배척할 필요도 없다고 말한 적은 있습니다만.

43　중국 송나라의 유학자 정호程顥, 정이程頤 형제에 대한 존칭.

**남색은
불의不義인가**

　나카에 도주가 남색을 공격했다는 사실은 그의 나이 33세 때 저술한 『옹문답翁問答』에 있다. 도주가 공격한 주요 대상은 승려들의 남색이었지만, 도주 문하의 제자들은 스승의 말을 받들어 '남색 = 불의不義', 짐승과 같은 소행이라고 주로 이해했던 것 같다. 그런데 "도주 문하의 한 사람으로 간주되는 당신은 어째서 남색을 부정하지 않는가"라고 질문한 것이 이 문답의 발단이었다.

　문답 장면으로 돌아가기로 하자. 반잔은 계속해서 왜 남색을 엄격히 배척해서는 안 되는가에 대해 열정적인 어투로 말했다.

> **반잔**　도주 문하에서는 남색을 '대금大禁'이라 하고 있는데 남색을 금지하면 동 문하門下에 큰 피해가 생길지도 모릅니다. 왜냐하면 남색을 불의라고 단정해버리면 남색을 선호하거나 경험이 있는 천하의 영재들을 받아들일 수 없게 되어 학파의 발전을 스스로 막게 되기 때문입니다. 말하자면 커다란 돌로 자라나는 초목의 싹을 눌러버리는 것과 같은 짓이며 모처럼 싹이 튼 학파를 '남색대금'이라는 이유만으로 눌러 파괴하는 것과 같습니다. 남색 따윈 어차피 사소한 문제입니다. 천년 후, 세상에 정도正道가 행해진 뒤 손을 쓰면 될 일입니다.
>
> **심우**　그럼 역시 남색은 해害가 되지 않는다는 말씀이시군요?
>
> **반잔**　그렇게 생각하신다면 다행입니다.
>
> **심우**　하지만 남색을 배척하는 것이 도학(인간의 도리와 학문)에 해가 된다고 하셨는데 저로서는 여전히 이해가 안 됩니다.

반잔   부정하지도 용인하지도 말고 못 본체 하는 것이 가장 좋습니다. 세상에 정도가 행해지기 위해서는 뭐니 뭐니 해도 우수한 인재가 많이 참가해야 하는데, 그중에는 불의라는 것도 자각하지 못한 채 남색에 빠진 사람이 적지 않을 것입니다. 그들에게 남색은 습관이나 마찬가지일 텐데 그게 잘못된 행위라고 비난받게 되면 격분하여 적敵이 되고 말 것입니다. 그런 사소한 일에 얽매여 큰 뜻을 실현할 수 없게 스스로 길을 막는 것과도 같습니다. 그건 어리석은 짓입니다.

반잔이 말하고자 한 것은 남색은 이미 일반적인 풍습 및 풍속이 된지 오래여서 아무리 부정해도 근절되기란 거의 불가능하며, 도주의 문하생들은 이것을 도리에 어긋나는 성행위라고 손가락질하지만 "풍속, 습관의 하나로서 오랫동안 사회에 수용되어 있는 남색을 불의라고 단정하면 안 된다"는 의미였다.

그는 또 중국의 문인 소동파蘇東坡를 예로 들었다.

소동파는 남색가로 알려져 있지만 그렇다고 해서 주자朱子나 정자程子가 그를 두고 '불의'라고 비난하지 않았습니다. 그것은 풍속이라면 불의라 하지 않는다, 즉 사회적 관습이나 습속을 불의라고 책망할 수는 없다는 원칙을 제대로 인식하고 있었기 때문이지 않을까요. 남색을 불의라고 하거나 짐승 같은 짓이라고 비난하는 사람은 자기 자신이 그 길로 빠지지 않도록 주의하면 되지, 다른 사람이 남색을 즐긴다고 해서 비난할 필요는 없습니다.

남색을 근절하려는 것은 어리석은 짓

물론 반잔도 당시 상황(17세기 후반)에서 남색의 문제점을 등한시한 건 아니다. 남색관계를 둘러싼 사랑의 쟁탈전으로 인해 칼부림 사태가 자주 일어나고 있었기 때문에 막부나 여러 번에서 싸움을 막기 위해 슈도衆道를 금하고 있다는 사실도 잘 알고 있었다. 하지만 그는 아무리 엄중하게 금지해도 관습화(풍속화)된 남색이 쉽사리 불식되지는 않으리라고 판단했다. 그런 상황에서 겨우 학사의 말로 이를 근절하려고 하는 것은 어리석은 짓이라고 도주 문하를 비판한 것이다.

반잔은 남색보다 여색이 오히려 더 큰 문제를 안고 있다고 보았다. "근래 남색을 금지하는 번이 많고 그 반동反動 때문인지 젊은이들이 쉽사리 유부녀와 불의를 저지르게 되었다. 그 때문에 부모들은 15~6세의 젊은이에게까지 첩을 두게 하는 등 사고를 미연에 방지하려고 했다. 그런데 일찍부터 여성과 성관계를 거듭한 탓에 정력이 떨어져 무사의 위업을 달성하기 어렵고 재기才氣가 떨어져 국가를 위해 일하는 자가 줄어들며 결국 병이 들어 일생이 허무하다"며 정력낭비에 따른 여러 폐해가 젊은 무사들 사이에 나타나고 있다고 보았다.

만약 남색을 엄격히 금지하지 않고 약하게 경고하거나 보고도 못 본 척하면 젊은 무사들이 30세 정도까지 처첩을 두는 일도 없고 정력을 소진하여 나약해지는 일도 없을 것을. 반잔은 무사사회에서 남색풍습의 효용을 정당하게 평가하자고 제언한 것이다.

그렇다고 해서 그가 남색을 적극적으로 용인하고 있다거나 예찬한 것은 더더욱 아니다. 일일이 열거하면 폐해도 적지 않을 것이라고 솔직하게 남색의 부정적인 면도 인정하고 있다. 하지만 그것은 여색도 마찬가지여서 남색과 여색의 공죄功罪를 비교하면 어느 쪽이 낫다고 따지기는 어렵다고 주장한 것이다.

남색용인론男色容認論의 배경

결국 이 문답에서 알 수 있듯 그의 결론은 지나친 여색이나 남색이 둘 다 허용되지 않을 때는 풍속에 그냥 맡겨두면 된다는 것이었다. 과도하게 여색에 탐닉하거나 남색에 빠지는 것 모두 방탕하며 바람직하다고 할 수 없다. 하지만 정욕 또한 인간의 본성이고 게다가 사회에 널리 침투되어 있는 습속으로서의 성에 대해 이러쿵저러쿵 논할 필요는 없다. 모름지기 풍속, 세상의 인심에 맡겨두면 그걸로 된다는 것이었다.

반잔이 남색의 습속에 대해 소극적이지만 이해를 나타낸 배경에는 어쩌면 10대 때 이케다 미쓰마사池田光政의 시동侍童을 한 경험이 있기 때문인지 모른다. 나중에 언급하겠지만 이케다 미쓰마사는 가신의 '남색금지'를 단호하게 주장한 사람이기 때문에 주군과 시동들 사이에 성적관계가 있었을 가능성은 적다. 하지만 시동들 중에는 용모가 수려한 소년이 많아서 그들 사이에 남자 간의 사랑이 때로 싹텄을지도 모른다. 하긴 반잔도 소년시절 대단한 미소년이었다는 설說

이 있다.[44]

　어쨌든 15세에 집안을 상속하여 오즈 번大洲藩[45]의 지방행정 담당 관리에 임명된 나카에 도주에 비해, 반잔은 같은 17세기 무사사회에 몸담고 있었다고는 해도 접한 사람들이나 환경이 많이 달랐을 것으로 보인다. 반잔의 주위에는 용모가 수려하고 재기에 넘치는 동성애 경험자가 적지 않았을 것이다. 그렇기 때문에 남색을 짐승 같은 짓(불의의 사랑)이라고 단정해버리면 많은 우수한 인재를 배척하는 결과로 이어진다는 인식 역시 다른 사람보다 더 강했다고 할 수 있다. 반잔의 남색론은 무가사회 남색풍속의 소용돌이 속에 있었던 사람의 의견으로서 유례가 없을 만큼 중요한 사료적 가치를 지닌다.

---

44 【저자 주】오카다 산멘시岡田三面子의『日本史伝川柳狂句』에 반잔의 "용모가 아나미 부阿娜美婦와 같다"고 되어 있음.

45 현재 에히메현愛媛県 오즈시大洲市.

제4장

의형제의
결연

'사랑懸'의 금지
에도시대에는 남색이 가정의 분란이나 범죄로 발전되지 않는 한 성적 기호嗜好로서 사회적으로 용인되고 있었다. 하지만 17세기 이후 막부나 여러 번藩에서는 가신단家臣団 사이의 남색 관계에 신경을 곤두세우기 시작하고 엄격히 처벌하게끔 되었다.

예를 들어 1654년 3월 오카야마 번에서는 시동들에게 남색을 단호히 끊고 설령 관계를 요구당하더라도 응하지 말라는 명을 내린 뒤 명령을 준수하겠다는 서약서를 의무적으로 제출하게 했다.

그로부터 4년 뒤인 1658년 11월, 남색으로 인한 사랑의 갈등으로 번의 자제가 서로 충돌하여 사망하는 사건이 발생하자 남색을 '심각한 불의'로 취급하고 엄벌에 처했다. 이듬해 12월에는 시동들에게 사랑을 속삭였다는 죄로 쓰다 한주로津田半十郎가 할복했다. 그러자 어린 시절 한주로半十郎와 남색관계가 있었던 다무라 사다이후田村左大夫도 편지를 남기고 자취를 감추었다고 한다.[1]

시동 간의 사랑을 금지한 것은 여러 번의 사료를 통해 확인할 수 있다.

오카야마 번의 경우, 1730년 주군을 측근에서 모시는 시동이 제출한 서약서 조문條文에 "친구와 친하게 지내는 일이 없도록 할 것"이라는 부분이 있는데 여기서 친하게 지내는 일이란 성적관계라는 의미로 보인다. 그리고 같은 해 잡일을 하는 시동이 제출한 서약서에는

---

1   藤井駿・水野恭一郎・谷口澄夫 編, 『池田光政日記』, 國書刊行會, 1983.

"남색을 엄격히 삼가야 할 것"이라고 노골적으로 명기되어 있다.

1740년 히로사키弘前 번의 이치카와 주노신市川十之進 등 주군을 측근에서 시중들던 시동들이 제출한 서약서는 7조로 되어 있는데 그중 제6조는 다음과 같다.

하녀 및 성인식을 올리기 전의 시동을 비롯하여 노소老少, 상하上下에 관계없이 밀통密通은 물론 떳떳치 못한 일은 절대 하지 않을 것

즉 밀통, 색정사건 등 성적인 분쟁을 절대 일으키지 않겠다고 맹세하고 있다. 성인식을 올리기 전의 시동은 주군을 가까이서 모시는 시녀와 함께 가장 성적관계에 빠지기 쉬운 존재였다고 볼 수 있다.

하지만 제아무리 번藩 당국이 감시의 눈을 번뜩이고 있어도 무사 세계에 풍습으로 뿌리내린 남색을 그리 간단히 금지할 수는 없었다. 그래서 번에서도 온갖 대책을 강구했을 것이라고 여겨지는데 그와 관련된 흥미로운 이야기가 있다(中村良直, 『中村雑記』).

옛날 이즈미노카미和泉守[2] 도도藤堂의 시동들 사이에 남색이 유행하고 있었다. 이즈미노카미가 아무리 금지해도 남색 열기는 좀처럼 식을 줄 몰랐다. 곤경에 빠진 이즈미노카미는 어느 날 번사들에게 "남색관계를 맺은 자들에게 봉록俸禄을 내리겠다"고 했다. 뜻밖에도 마치 남색을 장려하

---

2   이즈미和泉는 현재 오사카부大坂府 이즈미시和泉市.

는 듯한 명령을 내린 것이다. 그러자 어찌된 일인지 그 후 남색은 급속히 쇠퇴했다. 봉록을 원해서 남색관계를 맺었다고 여겨지기라도 하면 무사로서의 명예가 손상된다고 부끄러워했기 때문인 것 같다.

이즈미노카미의 작전승리였다. 하지만 모든 일이 이렇게 잘 해결될 리는 없었다. 남색에 대한 엄벌주의는 때로 엄청난 비극을 초래하기도 했다.

**주군을
죽인 죄**　　　1656년 막부의 친위대장 이세노카미伊勢守 이나바 마사요시稲葉正吉의 부하 2명이 극형에 처해진 사건이 있었다.『옥적은견玉滴隠見』에 의하면 그때 내린 형벌이 여간 잔혹한 게 아니었다고 한다.

구멍을 넓게 판 뒤, 그 구멍 속에 숯불을 피우고 커다란 대나무를 건 뒤 죄인을 그 위에 올려놓고 소금구이하듯이 구워 죽였다.

부하 두 명을 소금구이하듯이 죽였다고 한다. 그 두 명은 바로 가로家老[3] 안도 진고자에몬安藤甚五左衛門[4]과 시동 마쓰나가 기나이松永喜

3　중세 다이묘大名의 가신 중 최고 요직을 말하며 에도시대 번주를 도와 번의 정무를 담당하던 중신을 말함.

4　【저자 주】『옥적은견』에는 안도安藤가 아니라 사토佐藤라고 되어있음.

內였다.

대체 두 사람은 무슨 죄를 저질렀던 것일까.

죄명은 주군 살해였다. 『간세이중수제가보寬政重修諸家譜』에는 이세노카미 이나바稲葉가 슨푸駿府[5]에 주둔하고 있을 때 "남색사건과 관련되어 두 사람에게 살해되었다"고 간략하게 기록되어 있지만『옥적은견』에는 좀 더 상세하다. 진고자에몬과 기나이는 각각 가로家老와 시동 사이였는데 둘이 남색관계를 맺고 있다는 사실이 주군의 귀에 들어가자 엄벌을 피하기 위해 주군을 침소에서 살해했다고 한다.

주군의 죽음은 당초에는 미쳐서 자살한 것으로 보고되었다. 그러나 일족 가운데 미노노카미美濃守[6] 이나바 마사노리稲葉正則가 의심스럽게 여기고 조사한 끝에 결국 두 사람에게 범행을 자백 받았다고 한다.

| 형제의 결연 | 남성 간의 동성애를 특별히 이상하다거나 범죄라고 여기지 않았던 사회에서 왜 이렇게 엄하게 처벌한 것일까? 이런 의문이 들자 가장 먼저 떠오른 것은 그것이 단순한 성의 유희나 욕망의 처리에 머무르지 않는 뭔가 특별한 인간관계를 동반하고 있었을 것이라는 점이다.

오카야마 번의 형벌기록『형벌발췌刑罰書拔』에는 남색을 강요하거나 중개한 죄로 추방형에 처해지는 등 남색에 얽힌 여러 처벌사례가

---

5   메이지시대에 시즈오카静岡로 개칭.
6   현재 기후현岐阜県의 일부.

기록되어 있다. 1679년 4월 발생한 사건도 그중 하나다. 어느 조리토리草履取는 남색관계에 있던 소小조리토리가 온갖 생트집을 잡자 괘씸하게 여기고 그를 처치한 뒤 그 시신을 시험용(검이 잘 드는지 베어보는 것)으로 이용하게 했다. 그런데 이 조리토리는 통상적인 추방에 끝나지 않고 처형되었다. 아무래도 그가 소小조리토리와 '형제의 결연', 즉 의형제의 연을 맺고 있었던 게 치명적인 원인이었던 것 같다.

형제의 결연, 형제의 인연 또는 형제의 계약 등 이 무렵 사료에 자주 등장하는 의형제의 관계는 당시 남성 간의 동성애를 특징짓는 중요한 요소 중 하나였다.

**잊혀져버린
영웅**

뜬금없지만 오카와 도모에몬大川友右衛門을 아는지, 아니면 언젠가, 어디선가 들어본 적이 있는지. 이렇게 말하면 예전부터 저자는 아주 잘 알고 있었던 것처럼 들릴지 모르겠지만 사실 저자도 그 이름을 들은 것은 몇 년 전에 불과하다.

잊혀져버린 영웅이라 해야 할까. 하지만 메이지明治, 다이쇼大正 무렵에는 대단히 유명한 인물이었고 사람들 입에도 자주 오르내렸던 것 같다. 1889년 11월 19일 연극평론가이자 극작가 요다 갓카이依田學海는 아사쿠사淺草의 이치무라좌市村座에서 "오카와 도모에몬이 호소카와 가細川家를 위해 불 속에 뛰어들어 주군의 서장書狀을 지킨다"는 내용의 연극 〈피로 물든 호소카와 가의 서장薈模樣血染御書〉을

부부가 함께 봤다고 일기에 적었다.[7]

그로부터 28년 후 도쿄 가스야粕谷에서 '미적백성美的百姓'[8] 생활을 보내고 있던 도쿠토미 로카蘆花, 즉 도쿠토미 겐지로德冨健次郎의 일기에도 다음과 같은 내용이 있다.

소세키漱石[9]의 『도련님坊っちゃん』을 읽거나 오카와 도모에몬을 뒤적거리면서 나쁜 머리를 더욱 나쁘게 만들고 있다.[10]

1896년 아사쿠사의 낭월당朗月堂에서 출판된 야담 속기본速記本 『오카와 도모에몬大川友右衛門』의 서문에 "이 편編은 이 분야의 권위자 방우사도림放牛舍桃林 옹의 독특한 장점이 잘 드러나 항상 갈채를 받았다. (…중략…) 호소카와의 피투성이 달마血達磨와 항간에 인기가 높은 오카와 도모에몬의 전설."[11]

---

7   學海日錄研究會 編, 『學海日錄』 8, 岩波書店, 1991.
8   번잡스러운 도회지를 떠나 자연 속에서의 생활의 꿈꾸고 자연을 사랑한 소설가 도쿠토미 로카德冨蘆花가 만들어 낸 용어. 백성百姓은 농민이란 뜻. '미적백성'이란 진짜 농민은 아니라는 의미로 수입은 글을 써서 얻는 한편 벼나 야채를 경작하며 전원생활을 한다는 의미.
9   나쓰메 소세키夏目漱石(1867~1916) : 소설가, 평론가, 영문학자. 모리 오가이(森鷗外) 등과 함께 일본 근대문학을 대표하는 작가.
10 『로카일기蘆花日記』, 1917.12.13.
11 오카와 도모에몬은 호소카와 가의 부하 이나미 가즈마印南數馬를 연모한 나머지 무사의 지위를 버리고 호소카와 가에서 봉공하게 되며 가즈마와 남색관계를 맺고 가즈마의 아버지의 원수를 갚기 위해 의형제를 맺음. 그 후 호소카와 저택에 화재가 발생하여 쇼군에게 하사받은 도장이 타버리려는 순간 불 속에 뛰어 들어 할복하여 배 속에 넣어 지켰다는 이야기로 에도시대부터 전전戰前까지 수차례 상연됨.

야담가 방우사도림放牛舍桃林이 능숙하게 잘하는 공연이었다는 설명보다 오히려 당시 오카와 도모에몬이 야담과 연극의 주인공으로 얼마나 인지도가 높았는지 잘 알 수 있게 해 주는 대목이다. 연극이나 야담의 세계에서뿐만 아니다. 1886년 간행된 근대 문어시文語詩 선집, 야마다 비묘山田美妙[12] 편『신체사선新体詞選』에도 비묘의 자작시 '오카와 도모에몬'이 있다.

'피투성이 달마血達磨' 전설

이렇듯 오카와 도모에몬을 주인공으로 한 다양한 장르의 작품이 탄생되었다. 그것은 1797년 5월 오사카가도좌大坂角座에서 연극으로 초연된〈아사쿠사영험기淺草靈驗記〉까지 거슬러 올라간다.

줄거리는 대략 다음과 같다.

낭인 오카와 도모에몬大川友右衛門은 아사쿠사에 참배했을 때 앞머리를 내린 모습(성인식을 올리기 전)의 이나미 가즈마印南數馬를 보고 첫눈에 반했다. 가즈마가 호소카와 가에 몸담고 있다는 사실을 알고 도모에몬은 호소카와 가에서 봉공을 하게 되고 가즈마와 남색관계를 맺기에 이른다. 그런데 가즈마에게는 아버지의 원수가 있었다. 그 이야기를 들은 도모에

---

12 야마다 비묘山田美妙(1868~1910) : 소설가, 시인, 평론가. 언문일치체 및 신체시 운동의 선구자.

몬은 가즈마를 도와 그의 원수 요코야마 즈쇼橫山圖書에게 복수를 했다.

남색관계를 맺고 있던 이들의 전형적인 복수극이라고 할 수 있다. 그 후 연극 등으로 상연을 거듭하면서 호소카와 가의 피투성이 달마血達磨전설이 도입되어 이야기는 다소 그로테스크한 색채를 띠어가게 되었다.

예를 들어 방우사도림放牛舍桃林의 야담에는 이야기의 후반이 다음과 같이 전개되어 있다.

도모에몬이 가즈마와 형제의 연을 맺었다는 사실을 호소카와 영주가 알게 되었다. 꾸지람을 들으리라고 예상했는데 오히려 그 반대로 무사신분을 갖게 되자 도모에몬은 감격하여 언젠가 그 은혜에 보답하리라 굳게 마음먹었다. 1671년 11월 호소카와 저택에서 발생한 불이 순식간에 번져나가 그대로 두면 호소카와 가문의 계보서 및 중요한 서적이 잿더미로 변하는 것도 시간문제였다. 그 사실을 알게 된 도모에몬은 은혜를 갚을 때가 왔다고 생각하고 불 속에 뛰어 들었다. 그뿐만 아니다. 불길이 심해 무사히 서적을 들고 나올 수 없게 되자 배를 한일자로 잘라 오장육부를 들어낸 뒤 거기에 중요한 서적을 상자 째 집어넣고 그 위에 화재 때 입는 옷을 입고 띠를 맨 뒤 (···중략···) 무사히 서적을 가지고 나왔다.

그 후 불길이 가라앉자 도모에몬의 충의에 감격한 영주는 "아, 충성스러운 도모에몬이여!, 그대는 우리 가문이 계속되는 한 충심의 귀감이 될 것이다"라고 하며 그의 시신을 붙잡고 울었다고 한다.

도모에몬이 스스로 배를 자른 뒤 꺼내온 호소카와 가의 보물은 막부에서 발급된 주인장朱印狀이라고도 하고 달마 두루마리(도모에몬의 피로 물들어 피투성이 달마라 불리게 되었다고 한다)라고도 하는 등 일정하지 않다. 어쨌든 오카와 도모에몬의 은혜 갚은 이야기로 각광을 받고, 거기에다 호소카와 가의 보물 '피투성이 달마'에 관한 이야기가 더해져 메이지 이후 목숨을 아끼지 않은 충의담으로 인기를 모았던 것 같다.

이와 같이 오카와 도모에몬에 대해 장황하게 늘어놓은 것은 다름 아니라 요다 갓카이依田學海의 한문집 『담해譚海』(1884)에 오카와 도모에몬을 칭송한 글이 1편 있는데 그 제목이 「의형제」이기 때문이다.

'의형제'의 의미

의형제란 바로 오카와 도모에몬과 이나미 가즈마를 말한다. 갓카이學海의 「의형제」에 의하면 도모에몬은 여자를 싫어하는 30세 정도의 독신 무사였다. 어느 날 아사쿠사에서 호소카와 가의 시동 이나미 가즈마를 보고 심신이 황홀하여 연모의 정을 멈출 수 없었다. 그에 대한 그리움으로 호소카와 가에 부하로 들어가 가즈마에게 사랑을 고백하고 형제의 연을 맺었다. 둘의 관계는 가즈마의 침실에 도모에몬이 몰래 숨어들었다가 호소카와에게 들키는 바람에 탄로 났다고 한다. 갓카이는 의형제의 결연을 전제로 둘 사이에 노골적으로 성애관계가 있었다고 보았다.

의형제의 본질을 남자 대 남자의 '사랑의 유대관계'로 보는 시각은 갓카이의 「의형제」보다 훨씬 전인 1873년 좌원左院[13] 2등서기생고 에이치高銳一가 정부에 제출한 건백서(『明治建白書集成』 제2권)에서도 마찬가지이다.

고高는 1833년생, 도쿠시마德島 번사출신으로 후에 농상무성農商務省 준판임准判任에 오른 후 1886년 관직에서 물러났다. 그 뒤 1895년 5월 10일, 청일전쟁 후 소위 3국 간섭에 의해 요동반도의 반환이 결정되었다는 내용의 조칙詔勅이 발포된 당일 자살했다고 한다(『明治過去帳』).

건백서는 그가 41세 때 정부의 자문기관인 집의원集議院에 제출한 것으로 내용은 '계간鷄姦'에 관한 벌칙을 빨리 법제화하자는 요망要望 사항이었다. 고高에 의하면 남색은 자연에 위반되는 죄과罪過이자 자연의 윤리를 망치는 것이고 오랫동안 남색을 상대한 자는 얼굴이 야위고 근육이 늘어져 결국 생명을 단축하게 된다고 한다. 남색의 습속을 강하게 규탄한 그는 건백서에서 문명이 개화된 지금 이러한 추행은 국제적인 체면상 불식시켜야 한다고 주장하면서 끝맺고 있다.

고高는 일본의 남색의 역사에 대해서도 간단히 다루고 있다.

일본에서는 중세 이후 남색의 풍습이 행해진지 오래다. 승려는 절에서 일하는 아이를 좋아하고 다이묘大名는 위로상대가 되어주는 신하를 총애

---

13 메이지 초기에 설립된 입법자문기관立法諮問機關.

하고 무사는 의형제와 교제하며 평소 즐긴 끝에

남색의 역사상 3가지 주요 패턴, 즉 승려와 절에서 일하는 하인, 다이묘와 총애하는 부하, 그리고 무사들의 의형제 관계를 들고 있는 것이다.

막부 말에서 메이지에 걸쳐 활약한 프랑스어학자 무라카미 히데토시村上英俊가 저술한 영·불·독 3개 국어 대조사전『삼어편람三語便覽』에도 '의형제'라는 말이 수록되어 있다. '의형제'에 해당하는 3개 국어는 각각 fraternité(불), fraternity(영), Brüderschaft(독)이며, 모두 우애友愛나 형제 등 친밀한 관계를 의미하는 말이다. 히데토시는 의형제에 성적인 의미가 따른다고 서술하지는 않았지만 아버지, 어머니, 형제, 선조先祖 외 가륜家倫에 관련된 항목 84개 중 하나로 '붕우朋友'도 아니고 '친우親友'도 아닌 '의형제'를 채택했다는 것은 시사해주는 바가 크다고 할 수 있다. 당시 이 말이 사회적으로 널리 통용되고 있었다는 사실을 말해주기 때문이다.

그리고 보니 니토베 이나조新渡戸稲造는 Bushido, the Soul of japan『武士道』에서 무사들 사이의 특별한 유대는 '형제의 결연'이라고 하여 남자들 간의 특별한 우정의 힘과 아름다움이라고 했고, 오자키 고요尾崎紅葉의 『이웃 여인隣の女』에는 "샤쿠하치尺八를 아침저녁으로 친구 정도가 아니라 형제와 같이 귀여워하고"라는 구절이 있다. 『이웃 여인』은 1893년 요미우리신문에 연재된 소설이다. 이 부분은 샤쿠하치에게 몰두하고 있는 주인공의 모습을 서술한 것인데 여기서도 샤쿠하치에 대한 편애를 형제와 같이 귀여워한다고 비유한 것이다.

| **둘이서** | 무대를 에도시대로 돌려보기로 하겠다. |
| **한 사람** | 의형제는 동성애와 불가분의 형태로 문헌 및 |

사료에 등장한다. 이시카와 마사모치石川雅望의
장편 전기소설傳奇小說『히다노다쿠미 모노가타리飛彈匠物語』라는 작
품이 있다. 이 소설에는 대단히 아름다운 미소년 다케시바 산진竹芝
山人이 히로오카 조자廣岡長者라는 아첨꾼으로부터 억지로 교제를 강
요당하는 장면이 있다. 저자는 산진에게 구애를 하는 조자長者의 연
정을 "형제처럼 이야기를 나누고자……"라는 식으로 표현하고 있다.

다음은 미즈노 다메나가水野爲長가 주군 마쓰다이라 사다노부松平
定信를 위해 온갖 정보를 기록한 『요시노조시よしの冊子』에 있는 내용
이다.

이이 뵤부井伊兵部의 아들이 미남美男이었는데 데와노카미出羽守가 특히
마음에 들어 하자 다들 데와노카미가 완전히 반했다고 온통 난리다. 데와
노카미는 여자를 싫어하고 미남을 좋아했기 때문에 뵤부의 아들은 그의
아우가 되었다고 한다.

데와노카미出羽守는 여자를 싫어한다. 그 대신 미남을 아주 좋아하
는데 미남이라고 평판이 자자한 이이 뵤부의 아들에게 흠뻑 빠져 결

국 두 사람은 의형제의 연을 맺었다는 내용이다.

히라토 번平戶藩의 원로 마쓰라 세이잔松浦靜山의 수필 『갑자야화甲子夜話』의 속편 17권에는 이런 우스꽝스러운 이야기도 실려 있다.

> 불의의 사고로 몸이 두 동강 난 사람의 상반신과 하반신은 '의형제의 연'을 맺기로 하고 상반신은 형, 하반신은 아우가 되었다. 형은 다리가 필요 없는 불을 지키기로 하고 아우는 머리는 없지만 다리가 튼튼하게 붙어 있어서 고용살이를 하기 위해 길을 떠났다. 어느 날 형(상반신)이 아우(하반신)에게 편지를 써서 "최근 눈이 침침해서 삼리三里(무릎 아래에 있는 혈)에 뜸을 뜨려고 한다"고 말했다. 그러자 아우는 "나는 요즘 소변이 자주 마려워 곤란합니다. 형님도 따뜻한 물과 차를 너무 많이 마시지 말기 바랍니다"라고 답장을 보냈다.

상반신만 있는 형이 삼리三里에 뜸을 뜰 수 있을 리 없고 하반신만 있는 동생이 따뜻한 물과 차를 마실 수도 없다. 이 이야기가 주는 재미는 바로 그런 난센스에서 온다. 재미가 없다곤 할 수 없지만 저자로서는 '둘이서 한 사람'이라는 친밀한 관계가 즉각 의형제의 연으로 이어진다는 점이 무엇보다 흥미롭다.

소설뿐만 아니라 우스꽝스러운 이야기에도 아무렇지 않게 등장하는 의형제. 이는 당시 의형제라는 관계가 얼마나 넓고 깊이 사회에 침투해 있었는지 여실히 보여준다. 그뿐만 아니다. 당시 사람들의 일기나 기록 속에도 아무렇지 않게 등장하고 있다.

1714년 1월 16일 밤, 50세 정도의 아시가루足輕가 부인을 살해한 사건이 발생했다(『鸚鵡籠中記』). 아시가루가 부인의 옷을 몰래 들고 나갔는데 부인이 돌려달라고 요구하는 바람에 그 사태가 벌어졌다고 한다. 이 정도면 부부간에 흔히 일어날 수 있는 치정에 얽힌 싸움에 지나지 않았겠지만 이 사건은 좀 달랐다. 아시가루가 부인의 옷을 몰래 준 상대는 정부情婦가 아니라 아우였다.

이런 이야기는 극히 일부분에 불과하다. 꼼꼼히 찾아보면 의형제를 둘러싼 사료는 더 많이 있을 것이다.

| **소년을 둘러싼 사건** | 그런데 남색으로 맺어진 의형제는 어째서 막부나 번으로부터 위험한 취급을 당했을까. |

가장 큰 이유는 아마도 싸움이나 살상사건의 원인이 되었기 때문이다. 고 에이치의 건백서建白書에 "만약 사랑하는 사람을 빼앗는 자가 있다면 죽음을 무릅쓰고 싸우겠다"는 부분이 있다. 이렇듯 형과 아우의 사랑에 제3자가 끼어들면 소년을 둘러싼 사랑의 쟁탈전은 흔히 피비린내 나는 참혹한 사건으로 발전했다.

이런 사건은 에도시대 전기의 사료에 빈번히 등장한다. 그 수가 너무 많아 일일이 소개하기도 어려울 정도이다. 따라서 여기서는 일단 가가 번加賀藩의 사료 중 대표적인 것 하나만 들어보기로 하겠다.

1656년 가나자와 성 주변에서 사건이 발생했다. 낭인 쓰다 하치

미소년을 둘러싼 쟁탈전.(『男色鑑』, 國立國會圖書館)

조津田八丞는 2백 석 규모의 번사의 아들 기무라 이치주로木村市十郎 (15세)와 의형제를 맺고 있었다. 그런데 그해 봄 이치주로와 같은 도장에 다니고 있던 고토 다에몬後藤太右衛門이라는 낭인이 사소한 계기로 이치주로에게 연정을 품게 되면서 비극이 시작되었다.

사건은 도장에서 창술槍術을 배우고 있을 때 발생했다. 다에몬은 창술연습을 하다가 이치주로의 창에 찔려 이마에 부상을 입었다. 다에몬의 이마에서 피가 흐르는 것을 본 이치주로가 즉시 달려가 "눈은 다치지 않았는가?"라고 하며 정성스럽게 간호했다.

이치주로는 미소년이라 할 수 있을 만큼 뛰어난 용모의 소유자는 아니었고 다에몬으로서도 평소 이치주로는 남색의 상대가 될 만한 자가 아닌 데다 반할 만한 곳이라곤 전혀 없다며 신경도 쓰지 않던 상대였다. 하지만 정성껏 치료해 주는 이치주로의 사랑스러운 마음씨에 다에몬은 깊은 감동을 받았다. 그리하여 마침내 연모하는 마음을 주체하지 못하고 사랑의 불꽃을 피웠다.

그 후 즉시 고쇼구미小姓組[14]의 나카지마 구로베中嶋九郎兵衛를 통해 자기의 마음을 이치주로에게 고백했지만 그에게는 이미 하치조八丞라는 형이 있다는 이유로 거절당했다. 한편 그 이야기를 들은 이치주로의 아버지는 아들의 신변을 염려하여 2백 석 규모의 번사 곤도 덴키치近藤伝吉 등에게 중재를 의뢰했다. 남색과 관련된 사랑의 갈등으로 인해 칼부림사태가 자주 벌어지곤 했기 때문이다. 결국 이치주

---

14 에도막부 및 번의 조직, 군사 담당하는 직명 중 하나.

로와 하치조 간의 의형제계약을 해소하는 조건으로 다에몬도 이치주로를 포기하기로 했다. 사건은 일단락되고 무사히 정리된 것처럼 보였다.

그런데 그 후 곤도 덴키치가 이치주로와 하치조를 몰래 만나게 했다는 소문이 돌자 일이 꼬여버렸다. 결국 곤도 덴키치와 나카지마 구로베의 제3자간 싸움으로 발전하여 구로베는 즉사하고 덴키치도 부상을 입었다.

사건을 알게 된 번 당국은 고토 다에몬과 쓰다 하치조에게 할복할 것을 명하고 기무라 이치주로는 귀양을 보냈다. 하지만 그 정도로 사건이 모두 정리되리라고는 번에서도 생각하지 않았던 것 같다. 왜냐하면 사건의 전말을 기록한 『혼견적사混見摘寫』에 따르면 곤도 덴키치는 그 후 규슈에 보내지게 되었는데, 그때 가나자와의 외항外港 미야코시宮腰에서 배에 실은 여러 짐들 사이에 몰래 숨겨 은밀하게 옮겼다고 하기 때문이다.

상대측의 보복을 두려워한 나머지 조치한 것이라고 생각된다. 경비도 삼엄했다. 『혼견적사』에는 "경비를 서는 사람들은 언제든 창을 뽑을 수 있도록 하고 철포鐵砲에도 언제든 불을 붙일 수 있도록 하는 등 엄중한 태세였다"고 기록되어 있다.

이와 같이 그리 미소년도 아닌 15세의 평범한 소년 기무라 이치주로를 둘러싼 사랑의 쟁탈전은 동료나 일족을 끌어들인 또 다른 싸움으로 확대될 위험성을 내포하고 있었다.

길거리에서 벌어진 칼부림사태.(〈江戶名所圖屛風〉, 出光美術館)

조직으로부터의 일탈

육체적 관계가 수반되는 형과 아우의 관계는 위의 경우처럼 노골적인 싸움으로까지는 발전하지 않는다 해도 막부나 번의 상부로서는 탐탁지 않았을 것이다. 모름지기 무사의 사랑이란 항상 주군인 쇼군이나 번주藩主, 혹은 주군의 가문이라는 공적조직을 향해 있어야 했다. 적어도 막부나 번의 상부는 그렇게 생각했을 것이다. 이런 사고방식은 막부와 번의 체제가 확립되고 공공의식이 확립되어 감에 따라 더욱 강해졌다고 할 수 있다.

본래 무사는 무예 외에 개인의 특기를 주 무기로 내세워 각 곳을 떠돌아다니는 독립된 전문 직업인(프로페셔널)이라는 성격을 가지고 있었다. 그런데 에도막부가 성립된 이후에는 그런 전문직업적인 무사는 전보다 못한 취급을 받게 되었다. 평화로운 세상이 되자 무사에게 독립된 전사로서의 우수함보다는 막부 또는 번에 소속된 번사로서의 의식과 행동이 더 요구된 것이다.

그렇게 종적縱的으로 조직화되는 추세 속에서 무사 개개인 및 소속(주군의 가문)과 조직 내의 서열에 관계없이 무사 간에 의형제관계를 맺어 서로 사랑하고 협력하는(횡적관계의 연대)것은 그 자체만으로도 충분히 조직에서 일탈된 행위라고 여겨졌을 것이다. 설사 같은 주군을 모시는 동료라도 조직의 승인 없이 남자끼리 맺어지는 것은 도당행위徒黨行爲로서 위험한 취급을 당했다고 볼 수 있다. 이런 점이 바로 남색을 금지한 첫 번째 이유 이상으로 위험한 두 번째 이유였다고 생각된다.

| 정淨의 |
| 남도男道 |

이색적인 박물학자 미나가타 구마구스는 남색으로 맺어진 의형제관계에 윤리적인 가치가 있다고 지적했다. 미나가타에 의하면 그것은 단순히 성의 유희를 즐기기 위한 관계가 아니라(육체적 욕망을 충족하기 위한 이유만이라면 상대를 바꾸는 것에 거부감은 없을 것이고 남창을 사서 욕망을 해결할 수도 있었을 것이다), 형과 아우로서의 상호우애가 본질이라고 했다. 미나가타는 우애로서의 남색을 '남도男道' 또는 '정淨의 남도'라 하고 성적 취향으로서의 남색과 구별하려고 했다.

이런 미나가타의 견해에 대해 나카자와 신이치中澤新一 씨는 "동성애의 세계는 육체적인 욕망과 도덕적 코드라는 두 대칭점 위에 성립되어 있으며 육체적인 성행위만으로 이 세계를 논하면 그 본질을 잘못 보게 될 것이라는 게 미나가타의 견해"라고 정리한바 있다.[15]

'남색 = 의형제'의 미덕.

이 점에 주목한 것은 미나가타가 처음은 아니다. 소극적이긴 하지만 구마자와 반잔熊澤蕃山의 '남색용인론'은 앞에서 언급한 바 있으며, 고데라 노부마사小寺信正는 반잔의 설說을 인용해가며 남색의 의형제관계에 주목하여 보다 적극적인 옹호론을 전개했다.

고데라 노부마사는 쇼나이 번庄内藩의 번사였다. 1733년 쇼나이 번의 분한첩分限帖에 '150석 규모의 고데라 사부로베小寺三郎兵衛'라고 기록되어 있다. 에도에서 다자이 순다이太宰春臺에게 배운 뒤 사카

---

15 中澤新一, 「解題―浄のセクソロジー」, 『南方熊楠コレクション』 III, 河出文庫, 1991.

다酒田에서 총포술을 익히고 군제軍制와 병법을 연구했으며 쇼나이 지방의 향토사에 대해 독자적인 견해를 펼친 바 있다(『新編庄内人名辭典』). 지방사에 실려 있는 인물로는 그럭저럭 알려져 있지만 전국적으로는 무명에 가깝다. 그런 그가 평소 무사로서 조심해야 할 것을 기록한 저서『지진통志塵通』에서 남색용인론을 주장하고 있다.

남색은 분명 '하나의 하찮은 도덕小道'에 불과하다. 하지만 그와 동시에 예로부터 전해내려 온 일본의 풍속이기도 하다. 특히 무사의 세계에서 형제의 연을 맺고 생사를 같이 하겠다고 서로 맹세하는 것은 용맹스런 무사의 길과도 통한다. 그러므로 아무리 성현聖賢의 길(유교)에 어긋난다고 해서 일률적으로 옳지 않다고는 할 수 없다.

노부마사는 다음과 같이 말하기도 했다.

남색의 세계에서는 주군을 침실에서 모시는 고쇼小姓가 자기를 연모하는 남성의 뜨거운 열정에 사로잡혀 밀회하며 사랑을 이루는 예도 가끔 볼 수 있다. 이는 주군을 배신하고 다른 남자와 밀통하는 것과 마찬가지이므로 여색(남녀 간의 관계)에서 보면 불의의 극치이자 해서는 안 되는 행위이다. 하지만 남색에서는 이러한 관계도 아름다운 미덕으로 인정하고 있다. 왜냐하면 목숨을 건 남자들 간의 사랑의 용기를 칭송했기 때문이다. 이 또한 일본의 풍속이다.

가족이 공인한 통과의례

반잔과 노부마사는 남색용인을 주장하며 남색이 일본풍속 중의 하나라는 사실을 중요한 논거로 삼았다. 이것으로 알 수 있듯 성애를 동반한 의형제 관계는 전국시대부터 에도 초기 무사사회에서 관습이라 할 수 있을 만큼 일상적으로 흔히 볼 수 있는 현상이었다.

특히 서남 일본에서는 이런 풍조가 늦게까지 남아 있었다. 미나가타 구마구스는 1931년 8월, 이와다 준이치岩田準一에게 보낸 편지에서 죽은 친구로부터 들은 바바 다쓰이馬場辰猪의 담화를 소개하고 있다(『犯罪科學』).

토사土佐[16]지방의 풍습에서 나이가 많은 청년에게 소년의 보호를 의탁하는 것(구체적으로는 의형제를 맺는 것)은 위험하고 비밀스러운 일이 아니라 가족이 공인한 형식적인 통과의례였다.

비슷한 예는 앞에서 소개한 혼부 야스시로本富安四郎의 『사쓰마견문기』에서도 찾아볼 수 있다. 1898년 출판된 이 저서에서 혼부는 사쓰마 청년들의 미소년 숭배, 남색 풍습에 대해 "봉건시대의 야만적인 풍습으로 추잡스러운 일에 속한다"라고 비판하는 한편 그것이 여색에 빠져 유약柔弱해지는 것을 막는 하나의 방편이었다는 점도 인정

---

16 현재 시코쿠四國의 고치현高知縣에 해당.

하고 있다. 청소년의 활력을 유지하기 위해서는 남성들 간의 사랑의 유대가 필요했고, 따라서 사쓰마에서는 이를 부모, 형제 앞에서 공공연하게 이야기하는 것도 이상하지 않은 가족이 공인한 풍습이었다는 것이다.

앞에서 소개한 『미소년론』에서도 남색의 관습적이고 민속적인 측면을 예리하게 풀어놓고 있으므로 소개해 보기로 하겠다.[17]

> 토사지방은 사쓰마 못지않게 상무尙武의 기운이 왕성한 곳이어서 무가의 소년 중 남색관계를 맺는 것이 무엇을 의미하는지 모르는 자가 없었다. 그런 기풍이 강한 곳이었기 때문에 만약 억지로 이를 배척하고 남색의 접근을 피하는 자가 있으면 일제히 그 집에 쳐들어가서 그 집의 자제를 붙잡고 강제로 범했다.

난잡하기 짝이 없고 믿기 어려운 만행이 아닐 수 없다. 그런데 남색을 단호히 거부한 자기 자식이 무참하게 능욕당하고 있는 동안 옆방에 부모형제가 있어도 전혀 상관하지 않았다. 부모형제 또한 감수하며 그들의 횡포를 그냥 내버려 두었다고 한다. 아버지나 어머니, 그리고 형제도 도우려고 하지 않았던 것이다. 즉 그 지방의 전통적인 풍습이기 때문에 그렇게 했다는 것이다. 사회적 관습이 도덕과 같은 비중을 차지했다는 것을 말해주는 부분이다.

---

17 稲垣足穂, 「宮武外骨の美少年論」, 『南方熊楠児談義』, 河出文庫, 1992.

아버지의 바람　　하지만 이런 일이 과연 사쓰마와 토사지방에 만 있던 특별한 풍습이었을까. 상무의 기운이 강했기 때문에 젊은이들의 남색이 사회적 의의를 띠었다면 다른 지방의 사료에서도 비슷한 사례를 찾을 수 있지 않을까.

『앵무농중기』에 기록되어 있는 1708년 발생한 '사건'이 그 일례이다. 36세의 구보타 군하치窪田郡八가 동료 와타나베 사요노신渡辺佐夜之進(17세)과 남색의 맹세를 한 것이 발각되자 주군이 분노하여 할복하라는 명령을 내렸다고 한다.

군하치는 사요노신과 '형제의 연'을 맺은 것은 분명하지만 사요노신이 고쇼가 되자 해약했다고 변명했다. 그러므로 현재 남색관계는 없다고 주장했다. 사요노신은 당시 주인의 총애가 깊어(당연히 육체적으로도 사랑받고 있었을 것이다), 장차 가로家老까지 출세할 수 있을 것이라는 소문이 자자했다. 자연히 군하치도 의형제 관계를 그만두려고 했을 것이다. 그런데 어느새 다시 사요노신이 군하치의 숙소에 몰래 드나들게 되었고 둘은 또다시 맹세를 한 후 의형제 관계를 맺었다. 그리고 그 사실이 발각되자 주인은 격분했다.

여기서 주목할 만한 것은 두 사람이 애당초 의형제 관계를 맺게 된 계기가 사요노신의 아버지의 뜻이었다는 사실이다. 사요노신의 아버지가 임종할 때 아들의 장래를 염려하여 군하치에게 아들을 부탁한다는 유언을 남겼기 때문에 군하치는 사요노신의 '형'이 되었다고 한다. 이렇듯 바바 다쓰이가 전한 토사지방의 습속과 거의 유사한 점을 18세기 초 오와리尾張 번에서도 확인할 수 있는 것이다.

북쪽의 아이즈會津 지방으로 눈을 돌려보면 아이즈 번의 정사正史 『가세실기家世實紀』에는 다음과 같은 사건이 기록되어 있다.

1781년(天明 1) 4월에 있었던 일이다. 번의 회계책임을 맡고 있는 다카하시 이소에몬高橋磯右衛門의 문 앞에 번사의 아들을 비롯한 5명이 찾아와 이소에몬의 아들 이소고로磯五郞를 불러내었다. 이소에몬이 걱정하며 응대를 하자, "동료 1명이 댁의 이소고로를 열렬히 사모하고 있습니다. 그러니 부디 이소고로를 우리에게 주시기 바랍니다"라고 말했다. 그 말을 들은 이소에몬은 "우리 아들은 아직 나이가 어려 밖에 나갈 수 없다. 게다가 남색은 예전부터 번에서 금지하고 있는 일"이라고 하며 젊은이들의 요구를 거절했다.

이것을 보고 아들을 남색의 음탕함에서 구하고자 한 아버지의 의연한 태도라고 생각했더니 실은 그게 아니었다. 이소에몬은 그 뒤 5명의 젊은이를 집에 불러 술을 대접하며 원만하게 마무리 한 뒤 돌려보냈다고 한다. 부친에게 당신의 아들과 남색관계를 맺고 싶다고 직접 신청하는 젊은이들의 뻔뻔함. 그런 그들에게 의외일 정도로 정중히 응대한 아버지.

이 역시 아들이 옆방에서 젊은이들에게 당하고 있어도 부모형제 모두 개의치 않았다고 하는 토사지방의 풍습과 유사하다는 것을 느낄 수 있다.

동생의 성인식을 둘러싼 갈등

형이 동생(소년)의 비호자이자 교육을 담당하는 관계.

특히 무사의 세계에서는 그렇게 하는 게 정상적이라고 널리 인정되고 있었다. 그렇기 때문에 무사사회에서는 동생이 형의 승인 없이 성인식을 올렸다는 이유만으로 망신을 당했다고 분개한 형이 유혈사태를 일으키는 일이 발생하기도 했다.

1687년 간행된 사이카쿠西鶴의『무도전래기武道伝來記』에도 허락 없이 동생이 성인식을 올리자 화가 난 형이 동생을 살해했다는 일화가 있다. 동생 미즈키 기시노스케水際岸之助가 성인식 후에 자른 앞머리를 비단보자기에 싸서 건네주자 형 마쓰에 세이고로松枝清五郎가 던진 말은 "그대는 누구의 허락을 받고 성인식을 올렸는가?"였다.

노쇠함을 느낀 기시노스케의 아버지 기시에몬岸右衛門이 하루라도 빨리 아들이 성인이 되기를 바라는 마음에 성인식을 거행했다. 기시노스케도 어느덧 17세, 충분히 그럴 만한 이유가 있었다. 그럼에도 불구하고 형 세이고로는 격분했다. 형인 자기의 반대를 무릅쓰고 동생이 성인식을 올린 사실이 알려지기라도 하면 세상 사람들에게 체면이 서지 않는다는 것이 주 이유였다.

문학작품에만 있던 이야기가 아니다.『앵무농중기』에는 1712년 무단으로 아들의 성인식을 올린 동생의 아버지(加茂川幸左衛門)에게 화가 난 형(松平勝右衛門)이 결투장을 보냈다는 기록이 있다. 역시 동생의 성인식이 사건의 발단이었다.

그리고 1658년 오카야마 번주 이케다 미쓰마사池田光政가 기록한 일기 가운데 다음과 같은 내용이 있다.

> 남색은 우선 천리天理에 어긋난다. 그중에서도 가장 심한 것은 유녀처
> 럼 행동하는 것, 그리고 자기의 사심을 채우기 위해 말을 걸거나, 다른 사
> 람을 떼어놓기도 하고, 서로 끌어당기기도 하고, 또 성인식을 못 올리게
> (앞머리를 없애지 못하게 함) 하는 등 쓸데없는 짓을 당해도 자식이나 부
> 모, 친척 모두 억울하다고 생각하지 않는다. 사람들은 그런 풍속을 이해
> 할 수 없는 일이라고 생각하지 않고 그런 통탄스러운 일을 어쩔 수 없다
> 고 여긴다. 다른 곳이야 어쨌든 우리 집안에서는 이런 풍습을 단호히 개
> 선하고자 하므로 모두 그리 알아야 할 것이다.[18]

같은 해 남색과 관련된 사랑의 쟁탈전으로 인한 번사들의 칼부림
사태에 고심하고 있던 미쓰마사는 남색을 "천리에 어긋나는 불의의
풍속"이라고 단정한 뒤 엄격하게 그 대책에 나섰다. 일기는 그 대책
을 말한 것인데, 여기서도 남색(의형제의 관계?)에 따른 폐해 중 하나
로 형이 동생의 성인식에 대해 부당하게 참견하는 것을 들고 있다.
동생(소년)이 남자가 되는 통과의례를 형이 제멋대로 방해하고 있는
것이다.

하지만 그보다 더 주목할 만한 것은 "자식이나 부모, 친척 모두 억
울하다고 생각하지 않는다"는 구절일 것이다. 번주 자신은 그런 사

---

18 藤井駿・水野恭一郎・谷口澄夫 編, 『池田光政日記』, 國書刊行會, 1983.

실이 통탄스럽고 아주 싫어하는 일이라고 하고 있지만, 정작 가장 중요한 당사자들은 본인은 물론 자식이나 부모, 친척들조차 형의 참견이 부당하다고 느끼지 않는 것 같다고 말하는 것이다.

바꿔 말하면 동성애를 동반하는 의형제의 습속이 그만큼 깊이 뿌리내려 있었다는 것을 반증한다. "다른 곳이야 어쨌든"이라는 말투도 걸린다. 이러한 습속이 당시 전국적으로 확대되어 있었다는 사실을 말해주고 있다는 느낌을 지울 수 없다.

| 의례적
동성애 | 매혹적인 제목의 스기시마 다카시杉島敬志 씨 논문 「정액받이 용기로서의 남성의 신체－정액을 둘러싼 뉴기니아의 민속적 지식精液の容器としての男性身 |

体ー精液をめぐるニューギニアの民俗的知識」에 다음과 같은 내용이 있다.

뉴기니아 지역의 민속개념에서 정액이란 "남성이 진정한 의미에서 남성임을 가능하게 해주는 아주 중요한 활력소"라고 인식되고 있으며 소년은 정액의 충만함을 경험한 적이 없는 반 남성半男性이라고 여겨졌다. 소년은 활력에 가득 찬 진정한 남성으로 성장하고 전환해야 한다. 그러기 위해서 그 지역에서는 소위 의례적인 남색행위ritualized homosexuality가 사회적인 의무로서 행해지고 있다고 한다. 즉 연장자인 남성으로부터 항문 성교나 펠라치오로 정액을 주입하는 것은 소년이 남자가 되기 위한 통과의례였다.

다나하시 사토시棚橋訓 씨도 「동성애 소고−파푸아뉴기니, 잠비아 사회의 사례를 통해同性愛少考−パブアニューギニア、ザンビア社會の事例から」에서 길버트 하트가 기록한 민속지를 인용하여 비슷한 동성애 습속을 소개하고 있는데, 성장을 촉진하기 위해 남성의 정액을 섭취하는 것이 의례적인 성행위로서 가입체계에 가미된다는 점이 잠비아 사회의 특징이라고 했다.

의례적 동성애(제도화된 동성애)는 소년을 한 사람의 남성, 즉 한사람의 전사로 기르기 위해 불가결한 행위라고 간주했다. 남태평양 지역의 이런 습속으로서의 남색은 무사사회의 남색(의형제 계약)과 유사하다고 할 수 있다.

나카자와 신이치中澤新一 씨 역시 남태평양 제도의 의례적인 동성애를 다루면서 "그것은 미개사회의 전사 집단이든 그리스, 로마 고대제국의 군대든 중세 봉건사회에서 만들어진 기사도나 무사도의 세계든 간에 그 본질은 바뀌지 않는다"고 말한바 있다. 지바 도쿠지千葉德爾 씨도 고대 그리스에서 소년애가 공공성公共性을 획득했던 중요한 요소로 그 '교육적 역할'(소년을 한사람의 전사로 양성하는 수단)을 들었는데 일본의 무사사회에도 유사한 제도가 존재했다고 한다.[19]

이러한 여러 연구자의 지적과 앞에서 든 여러 사례를 고려하면 전국시대에서 에도 초기에 걸쳐 무사의 세계에서 '남색 = 의형제'가 띠고 있던 습속(제도)으로서의 역할이 얼마나 컸는지 새삼 알 수 있게 해준다.

---

19 千葉德爾, 『たたかいの原像−民俗としての武士道』, 平凡社, 1991.

훈도시[20]
축하연 밤

습속으로서의 남색.

그런데 이런 습속이 무사나 승려 세계에만 있었던 것일까. 일찍이 이나가키 다루호는 "소년애에 눈뜨기 위해서는 특권계급에 들어가 있을 필요가 있었다"[21]고 단언한 바 있는데 과연 그럴까. 분명 이나가키가 그리는 미학으로서의 소년애는 일반서민의 세계와 맞지 않을지 모른다. 하지만 그렇다고 해서 그냥 보통 마을의 보통 젊은이나 소년들의 세계를 완전히 배제해도 되는 것일까.

일본민속에서 소년이 훈도시를 매고 성인남자의 일원이 되는 '훈도시 축하연'을 벌이는 나이는 9세 또는 13~15세였다고 한다. 아카마쓰 게이스케赤松啓介 씨가 이 민속의례에 관해 소개한 내용은 다음과 같다.

규슈에는 훈도시 축하연 때 중년남성 및 장년남성이 대부가 되어 소년에게 훈도시를 주는 날 밤 성관계를 가지고 의부모, 의형제가 되는 지역이 많은 것 같다. 일반적으로는 여성에 의한 성교육이 기본인데, 남색관계는 특이한 형태라고 할 수 있다. 하지만 아직 그렇게 단정 지을 만한 실증은 부족하므로 그냥 두 가지 형태가 있었다는 정도로 해 두겠다.[22]

---

20 남성의 음부를 가리기 위한 가늘고 긴 천.
21 稻垣足穗, 『少年愛の美學』, 河出文庫, 1986.
22 赤松啓介, 『非常民の民俗境界』, 明石書店, 1988.

아카마쓰 씨는 규슈지방에서 훈도시 축하연 때 연장자인 남성과 성관계를 맺고 의형제가 되는 민속이 상당히 널리 퍼져 있었으며, 그 외에도 "어린 친구들 사이에서 '○○아저씨와 ○○아저씨는 형제'라는 소문이 있었는데 그 시절의 용어로 '의형제', 즉 호모관계였다"는 사실을 알 수 있었다고 한다.

아카마쓰 씨의 어린 시절이라면 1910년대에서 20년대를 말하는 것일까. 그 무렵에는 의형제라고 하면 즉각 동성애 관계를 떠올렸던 것 같다. 아카마쓰 씨는 이와 같이 지방에 따라서는 민속적인 관행으로서 동성애를 동반한 의형제 관계가 맺어지기도 했다는 사실을 알려주고 있는데, 그밖에 일본민속학에서 이 테마를 정면으로 다룬 경우는 거의 찾아볼 수 없다.

물론 전혀 없었던 것은 아니다. 다케다 아키라竹田旦 씨의 『의형제의 민속兄弟分の民俗』이 그중 하나다. 이 책에는 서西 일본에서 마음이 맞는 동성끼리 '친구チング'라는 동료를 만든다는 민속사례가 소개되어 있는데, '친구'라는 어감(한국어로 벗을 뜻하는 '친구'에서 유래되었다고 한다)에서 사이가 좋다거나 성행위를 의미하는 말인 '친친카모카모'를 연상하게 되는 것은 저자뿐일까.

다케다 씨는 또 가고시마鹿兒島 요론지마与論島에서는 동성친구를 '아구'라고 부르는데 '아구'는 지역에 따라서 애인, 연인을 의미하기도 한다고 보고했다. 또 오카야마岡山의 산간지방에서는 관혼상제나 마을에서 공동작업 등을 할 때 서로 협력하는 동성 친구관계를 '넨아이念合'라고 하고 '마음念이 맞다'[23]는 의미로 해석하기도 한다고

했다. '넨아이'의 '넨'이란 남색관계에서 형을 가리키는 말 '넨자念
者'의 '넨念'과 유래가 같지 않을까 한다.

소꿉친구 의형제에 관한 민속사례를 아주 잠깐 살펴본
정도만으로도 이렇게 수많은 억측을 불러일으키
게 한다. 그렇다면 일본의 동성애 습속의 민속적
기층은 의외로 깊고 또 넓다고 할 수 있지 않을까.

에도시대 서민사료 중 동성애와 관련된 문서를 찾기란 쉬운 일이
아니다. 하지만 번에서 편찬된 기록류, 특히 형벌기록이나 판례집
등에는 드물기는 해도 상세한 사료가 포함되어 있는 경우가 있다.
아이즈 번의 『가세실기』에 수록되어 있는 1714년의 '사건'도 그중
하나다.

시모요네즈카무라下米塚村[24]에 도라에몬虎右衛門이라는 젊은이가
있었다. 나이는 17세, 요즘 말로 하면 불량청소년이었다. 도라에몬
은 도박에 빠져 돈이 필요하자 도둑질을 했다. 그렇지만 작은 마을
이다 보니 결국 누가 저지른 범행인지 밝혀지게 되었다. 궁지에 몰
린 그는 "범인은 내가 아니다. 도둑질은 센타로仙太郎가 했다. 그 녀
석이 꼭 자백하게 만들겠다"는 거짓말을 하고 그 자리를 모면하려고
했다.

---

23 '念'은 일본어로 '넨'으로 발음함.
24 현재 후쿠시마福島현 기타아이즈무라北會津村.

소년들의 놀이.(〈童子遊戲圖貼付屏風〉, 出光美術館)

센타로라는 젊은이는 도라에몬과 같은 17세로 두 사람은 어린 시절부터 단짝이었다. 그래서 도라에몬이 "네가 공범자라고 나서준다면 훔친 물건은 몰래 되돌려놓았으니 사건은 무사히 수습될 것이다. 내가 지금 난처한 상황에 빠져 있어. 도와 줘"라고 애원하자 센타로는 그 자리에서는 차마 거절하지 못했던 것 같다. 하지만 공범자라는 증서를 써달라는 요구를 받자 그제야 사태의 중대성을 깨닫고 결국 도라에몬의 부탁을 거절했다. 4월 4일 센타로를 변두리로 불러낸 도라에몬이 다시 그 이야기를 꺼내자 센타로는 냉정하게 거절했다.

그 뒤 도라에몬이 저지른 죄는 중요한 부분이기 때문에 원문에 가깝게 인용해 보기로 하겠다.

달리 방법이 없다. 남색의 불장난에 몸을 맡겨 센타로를 죽이고 나도 목을 매겠다는 각오를 했다. "도둑질을 한 것이 드러난 이상 목을 매 죽는 수밖에 없다. 평소 우리는 남색관계를 맺고 있었으니 살아생전 마지막 추억으로 한번 즐겨보자"라고 말한 뒤 센타로가 마음을 정하고 있는 순간 머리를 누른 뒤 끈으로 힘껏 졸라매 죽이고

"이렇게 된 이상 우리는 죽는 수밖에 없다. 이 세상의 추억으로, 너와 마지막으로 즐겨도 괜찮겠지?"라고 말하는 도라에몬. 고개를 끄덕이는 센타로. 소꿉친구인 둘은 남색관계도 맺고 있었던 것이다. "남색의 불장난"이나 "즐겨보자"는 표현으로 볼 때 두 사람은 공식적인 관계가 아니었는지도 모른다. 하지만 어쨌든 일개 보통 마을의

젊은이들 세계에도 남색이 침투해 있었다는 사실을 알 수 있다. 적어도 그들이 아무런 관계가 없었다고 볼 수는 없지 않은가.

그런데 도라에몬은 처음에는 센타로와 동반자살을 하기로 했지만 센타로를 끈으로 졸라 죽인 뒤 마음이 바뀌어 그가 자살한 것처럼 꾸몄다고 한다. 하지만 범인은 반드시 잡히는 법, 범행이 드러나자 결국 도라에몬은 이리저리 끌려 다닌 끝에 책형磔刑에 처해졌다고 한다. 하지만 이 이야기는 어디까지나 여담餘談에 불과하다.

민중사民衆史로의 시점

단편적인 사료만으로 이와 같이 억측을 하는 것은 어쩌면 조심성 없는 짓인지도 모르겠다. 하지만 동성애를 수반하는 의형제 관계가 무사뿐만 아니라 보통 마을의 소년, 젊은이들의 세계에 어느 정도 침투해 있었다고 한다면, 종래의 청년집단 연구 및 민중봉기, 민중운동사 연구에도 미묘하게 수정을 가할 필요가 있을 것이다.

성애를 동반한 의형제의 유대관계. 그것은 정치적 또는 경제적인 이유에 비하면 미미할 지도 모른다. 하지만 영주에 대한 봉기든 지배자 층에 대한 이의제기든 간에 마을의 젊은이들이 집단적인 행동을 취할 때는 평소 그들 사이의 인간관계, 특히 개개인 사이의 깊은 관계가 분명 영향을 미쳤을 것이다. 아니, 영향이 없었으리라고 생각하는 쪽이 오히려 부자연스럽지 않을까.

모든 것을 성적性的으로만 파악하려는 것은 아니다. 하지만 안타깝게도 에도시대의 민중운동사 연구에 성적인 시각이 결여되어 있는 것 역시 사실이다.

전쟁에 나서는 남자들의 '우정'

이야기를 다시 무사의 세계로 돌려보자. 1681년 11월 15일 아침, 61세의 아마노 나가시게天野長重는 예전 조잔옹丈山翁한테 들은 말을 『사충지집』에 기록했다.

힘이 있을 때는 주변에 사람이 많지만 유사시에는 의지할 만한 사람이 없는 법이다. 그럴 때를 대비하여 세 명 정도는 있어야 된다고 생각하지만 적어도 한 명이라도 있으면 좋겠다. 하지만 90세가 된 지금, 예전부터 보고 들은 바에 따르면 신분의 고하를 막론하고 무슨 일이 닥치면 의지할 사람이 없어 곤란한 게 보통이다.

조잔 옹이란 에도 초기 한시漢詩로 명성이 높았던 이시카와 조잔石川丈山[25]을 말한다. 그는 혼노지本能寺사건[26]이 발생한 이듬해인

---

25 이시카와 조잔石川丈山(1583~1872) : 에도 초기 한시漢詩의 대표적인 인물. 조잔은 호. 원래 무사였으나 한시뿐만 아니라 유학, 서도, 다도, 정원 설계에도 정통함.
26 1582년 오다 노부나가織田信長의 가신 아케치 미쓰히데明智光秀가 모반을 일으켜 교토의 혼노지에 숙박하고 있던 주군 노부나가와 후계자 노부타다信忠를 죽게 만든 쿠데타本能寺の変.

1583년 미카와三河에서 태어났다. 이에야스家康를 따라 도요토미 가를 멸망시킨 전투에서 눈부신 공을 세웠지만 군령軍令을 위반했다는 이유로 칩거하라는 명을 받자 머리카락을 자르고 무사를 그만둔 인물이다.

그 후 그의 용맹함을 아깝게 여겨 무관에 임명하겠다는 제의를 해온 제후들도 있었지만 거절하고 만년晩年에는 교토에 시선당詩仙堂을 짓고 유유자적하며 은둔생활을 했던 것으로 알려져 있다. 시대를 대표하는 문인임과 동시에 적어도 젊은 시절에는 무사로서 최대의 찬사를 받은 전사 중의 전사이기도 했다. 1672년 사망, 향년 90세였다.

그런데 앞의 내용은 이시카와 조잔이 평소 친한 아마노 나가시게에게 한 말이었다고 하는데 읽어 봐도 특이할 만한 내용이 없다. 즉 만약의 사태가 발생했을 때 의지할 만한 사람을 한 명이라도, 가능하면 3명 정도 확보해 두라는 지극히 평범한 교훈에 지나지 않는다. 사람이 보물이라는 말이다. 하지만 이 말은 세키가하라関ヶ原 전투 등 큰 전투를 그 누구보다 뛰어난 전사로서 헤쳐 나온 사람이 한 말이다. 그렇다면 역시 전투하는 남성들의 세계에서 '남자 대 남자의 유대'가 얼마나 중요한지 언급한 발언이라 하지 않을 수 없다.

너무 핵심을 찌른 견해일까? 그렇다고 조잔이 남색경험자였다고 단언하는 것은 아니다. 다만 젊은 시절 조잔에게 아주 친한 친구가 있었던 것도 사실이다.

『도케이세키선생연보東溪石先生年譜』에는 그가 21세 때(1602년), 막부의 무사로서 후시미伏見에 있을 때의 이야기가 실려 있다. 당시 친한 친구 곤도 히라에몬近藤平右衛門이 싸우다가 중상을 입고 쓰러진 적이 있었다. 조잔은 낮에는 근무하고 밤에는 친구를 간병하는데 몰두하여 21일 동안 잠도 안자고 병간호를 했다고 한다. 아무 피붙이도 없는 친구를 위해 3주일 동안 자지도 않고 매일 밤 곁에서 돌본 그의 성실함은 대체 어디에서 온 것일까. '깊은 우정'이라는 말로는 도저히 표현할 수 없는 뭔가가 내재되어 있었다고 생각하지 않을 수 없다.

성적性的인 시각.

이런 시각으로 동시대 사람들의 일화를 가만히 들여다보면 이 밖에도 전사로서 무사들이 맺고 있던 온갖 유대관계의 유형을 얼마든지 찾아낼 수 있을 것 같다.

형과 아우舍弟

남자 대 남자의 유대관계, 의형제의 결연이라 하면 아무래도 의협적인 형제를 연상하게 된다. 전전, 전후를 막론하고 도박꾼, 사기꾼, 우연대愚連隊[27] 또는 소위 폭력단의 세계에서 형제의 결연은 무수하게 맺어져 왔다. 자연히 그와 관련된 기록도 방대할 것이다. 의협심이 강한 남자들을 그린 것으로 지금은 고전에 속하는 히노 아시헤火野葦平[28]의

---

27 종전 직후 일본에서 기존의 도덕개념에서 완전히 벗어나 자유로이 본능이 시키는 대로 폭력을 행사하고 자기의 욕구를 만족시키는 활동을 했던 불량청소년 집단.
28 히노 아시헤火野葦平(1907~1960) : 소설가. 중일전쟁 종군 중 『분뇨담糞尿譚』으

소설『꽃과 용花と龍』에 다음과 같은 부분이 있다.

　　이불 하나를 뒤집어쓰고 자야 하는 좁은 방에서 긴고로金五郎와 신노스
　　케新之助의 우정은 급속하고 또 견고하게 맺어졌다. 두 사람은 의형제의
　　연을 맺었다. 동년배이기는 하지만 긴고로가 형이 되었다.

때는 1903년, 장소는 규슈의 모지門司. 당시 콜레라의 유행으로
연립주택의 한쪽 구석에 만들어진 한 칸짜리 작은 방에 감금된 주인
공은 다마이 긴고로玉井金五郎와 모리 신노스케森新之助였다. 위의 내
용은 이 폐쇄된 공간에서 일주일 동안 같이 지내게 된 두 사람이 의
형제의 맹세를 하는 장면이다. 긴고로와 신노스케의 경우도 포함하
여 형과 아우 사이에 동성애관계가 어느 정도 성립되고 있었는지 알
수는 없다. 그들 세계에서 의형제는 시대가 흐르면서 아마도 피상화
皮相化, 공리화功利化되어 육체적 관계를 포함한 유대관계의 절실함은
없어졌을 것이다.

　　퇴색된 유대관계.

　　하지만 그들 세계에는 보통 고지식한 사회에서라면 벌써 잊혔을
법한 전사戰士세계의 민속적 기억이 다양한 형태로 아직 남아 있을
가능성이 있다. 의형제라는 관계를 통해 본 사무라이와 야쿠자의 유

로 아쿠다가와상芥川賞수상.『보리와 병대麦と兵隊』,『흙과 병대土と兵隊』,『꽃과 병
대花と兵隊』3부작으로 전쟁문학의 대표작가라 할 수 있으며『꽃과 용花と龍』은 자
전적 장편소설.

사성. 하지만 이 자극적인 테마에 대한 검토는 훗날을 기약하기로 하겠다.

그런데 의형제의 결연 = 동성 간의 유대관계가 남자와 남자 사이에만 성립했다고는 할 수 없다. 여자와 여자 사이에도 있었다. 예를 들어 1790년경 원고가 완성되었다고 하는 모리시마 주료森島中良의 고증 수필 『견문잡지見聞雜誌』에는 '의자매'라는 항목이 있는데 거기에 다음과 같은 설명이 있다.

궁에서 일하는 여인들이 몰래 의자매의 연을 맺은 일이 있다. 각 가정에서 엄하게 금지되어 있는 일이다. 이것은 일본뿐만 아니라 중국에도 있었던 일이다.

모리시마 주료는 계속해서 '대식對食', '향화형제香火兄弟'와 같은 용어 예를 들고 있는데, 어쨌든 에도시대 일본에서는 여관女官들 사이에 동성애 관계를 동반한 의자매의 결연이 맺어지고 있었던 것으로 보인다.

본 장에서는 이러한 여성들 사이의 유대관계에 대해서도 보다 많은 부분을 할애했어야 할지 모른다. 하지만 유감스럽게도 저자는 이 부분에 대해 무지에 가까우므로 이 또한 후일을 기약하기로 하고 일단 다음 장으로 넘어가기로 하겠다.

제5장

수염과
앞머리

**남색의
퇴조**

습속으로서의 남색.

하지만 18세기 이후 남색은 사회의 주 무대에서 점차 모습을 감추게 되었다. 여전히 무사도의 꽃, 상무의 증거로서 추앙받은 곳은 사쓰마 등 몇몇 예외적인 곳뿐, 그 외에는 무사들 세계에서도 남색은 더 이상 일반적인 현상이라 할 수 없게 되었다.

물론 동성애 자체는 18세기 이후에도 '성애의 형태' 중 하나로서 명맥을 유지하고 있었다. 근대 이후 특히 학원學園을 중심으로 새로운 유행을 만들어낸 것은 앞에서 살펴본 바와 같다. 또 사료가 충분하지는 않지만 함께 전쟁에 나가 싸워야 하는 사람들의 유대관계로서 군대에서도 그런 관계가 꽤 있었다고 볼 수 있다.

하지만 에도시대의 사료로 보건데 18세기(에도 중기)를 경계로 남색풍속이 쇠퇴되어 간 것만은 부정할 수 없다. 저자 혼자만 그렇게 생각하는 것은 아니다. 일찍이 17세기 말 구마자와 반잔이 "30년 전과는 남색의 풍속이 약간 달라졌다"(『夜會記』)고 말한 바 있다. 어떤 식으로 변했는지 밝히지는 않았지만 전후 문맥으로 볼 때 역시 남색의 퇴조를 시사하고 있는 발언이라 할 수 있다.

에도에 관해 연구한 미타무라 엔교 역시 풍부한 사료를 바탕으로 이와 같은 의견을 내놓았다. 1920년 9월 『일본 및 일본인日本及日本人』의 추계증간호에 실린 논문 「인간미의 경쟁人間美の競爭」에서 그는 "남자의 동성애는 교호享保(1716~36) 무렵까지 계속되다가 겐분元文(1736~41) 이후 거의 끊기고 말았다"고 단언하고 있다. 18세기 중반을 기화로 남색이 현저하게 쇠퇴했다고 본 것이다.

엔교는 그 후 "쇼토쿠正德(1711~17) 및 교호 무렵 무사집단에서 벗어나기 시작하여 간세이寬政(1789~1801)에 이르러 세상으로부터 눈에 띄게 멀어지다가 덴보天保(1830~44) 무렵에 마침내 절멸되었다"(「江戸に少ない女形」)고 했으며, "야만적인 남색 풍습은 겐분에 이르러 현저히 쇠퇴했다"고 거듭 주장했다(「ちょいちょいの本尊」). 그의 말을 그대로 인용하면 남색이 일소되어 성애는 본연으로 돌아갔다고 할 수 있다.

여성미와 남성미

이 얼마나 확신에 가득 찬 발언들인가. 하지만 이런 논고를 통해 엔교가 말하고자 한 것은 단순한 남색의 퇴조가 아니었다. 그는 에도시대 남성들의 동성애 유행과 쇠퇴를 중심으로 보다 폭넓게 풍속사의 흐름, 모습, 복장 등에 대한 사회의 기호가 여성적인 아름다움과 남성미(미소년 같은 중성적이거나 양성적인 미) 사이에서 흔들린 역사를 역동적으로 그려내고자 한 것이다. 그는 또 이런 견지에서, 예를 들어 여성들이 소년처럼 가늘고 유연한 허리를 선호하게 된 배경에는 "남성들 사이에 동성애가 이루어졌던 흔적"(「柳腰の持主」)이 남아 있기 때문이라고 보았다. 그런 경향이 나타나게 된 것은 여성미와 남성미(소년미)가 서로 교류하고 경합한 결과라는 것이다.

엔교는 에도시대의 남색이 '성에 관한 이야기' 그 이상이었을 뿐

미녀로 착각할 만한 미소년.
위 : 야스노부保信 〈객실 앞 미인과 미소년若衆〉
아래 : 마사노부政信 〈미소년에게 편지를 건네는 미인〉〈神奈川県立博物館〉

만 아니라 풍속이나 문화에도 다양한 영향을 미쳤다는 점을 분명하게 짚은 뒤 남색의 쇠퇴를 지적하고 있다.

이 부분에 대해서는 이와다 준이치岩田準一의 연구도 있다. 1900년 미에현三重県의 도바시鳥羽市에서 태어난 그는 생애 대부분을 남색 연구에 바치다가 46세의 젊은 나이에 병사했다. 그가 남색 연구를 하면서 미나가타 구마구스나 에도가와 란포江戸川亂步와 의견을 주고받았다는 사실은 아는 사람은 아는 이야기다. 이와다는『본조남색고本朝男色考』에서 다음과 같이 말하고 있다.

에도의 남창은 메이와明和・안에이安永(1764~81)시대를 정점으로 사람들 마음에서 다소 멀어져 갔으며, 승려계급에 의해 겨우 명맥을 유지하다가 '덴보개혁'[1]에 의해 유지마湯島 한 곳만 남고 거의 전멸되었다. 그 뒤 우에노上野 도에이잔東叡山 승려들의 비호로 겨우 영업을 하고 있던 유지마의 남창가도 막부붕괴와 함께 사라졌다.

에도 남창영업의 쇠퇴와 소멸. 남창은 승려를 주 고객으로 하는 매춘부賣春夫였기 때문에 무사세계의 남색보다 다소 늦게 쇠퇴했다. 그래도 18세기 말에는 쇠퇴하기 시작하여 '덴보개혁(풍속단속)'과 막

---

1 덴보개혁天保改革. 에도 후기 덴보시기(1830~44)에 이루어진 막정개혁, 번정개혁의 총칭. 재정의 궁핍, 파탄, 기근을 계기로 물가폭등, 반란의 빈발 등 사회적 동요, 외국선 내항에 따른 대외적 위기 등을 극복하고 막번체제의 유지와 존속을 위해 이루어짐.

부 말, 그리고 메이지 유신으로 이어지는 어지러운 상황 속에서 결국 축출되고 말았다.

남색이 쇠퇴하여 관객도 즐거워하지 않는다

집요하다 싶을지도 모르겠지만 중요한 부분이기 때문에 에도시대의 기록도 살펴보기로 하겠다. 니시자와 잇보켄西澤一鳳軒은 가부키 각본의 집필과 고증가로서 알려져 있는데, 그는 앞에서도 소개한 오카와 도모에몬을 모델로 한 연극에 대해 다음과 같이 말하고 있다.[2]

> 1797년 상연했을 때는 남색을 다룬 교겐狂言이 드물어(오카와 도모에몬과 이나미 가즈마의 남색을 다룬 이야기가 드물어서) 대 성공을 거두었다. 하지만 1829년 내용을 조금 보완하여 재 상연하자 "이제는 남색이 쇠퇴하여 관객들도 즐거워하지 않고 흥행도 되지 않았다"

18세기 말에는 남색을 연극의 소재로 거의 이용하지 않게 되었고 32년이 더 흐른 뒤에는 대중들의 기호에서 벗어났다는 사실을 엿볼 수 있다.

다음은 아코赤穂의 낭인과 그 주변 사람들의 고난과 충의를 그린

---

2 『伝奇作書―新群書類従 1』, 國書刊行會, 1906.

다메나가 슌스이爲永春水의『이로하문고伊呂波文庫』이다. '추신구라외전忠臣藏外伝'이라고도 할 수 있는 이 실록소설 가운데 1840년 간행된 것으로 추정되는 제3편에 다음과 같은 내용이 있다.

그 시대에는 대개 남색이 유행하여 무가에서는 물론 상인들까지 남색을 즐기는 자가 많았다. 아가씨보다는 소년이 사랑받았으며 '형제품兄弟品'이라 하여 마치 부부처럼 생사를 같이하겠다고 맹세하고 또 정사情死를 하는 경우도 적지 않았다.

19세기 중반 에도에서는 겐로쿠元祿시대에 유행했던 남색풍조 따위는 이미 아주 먼 과거의 일로 받아들이고 있다. 막부의 요직을 거친 네기시 야스모리根岸鎭衛의『미미부쿠로耳囊』에 아주 흥미로운 에피소드가 있다. 1781~1789년, 즉 덴메이天明기에 발생한 일인 것으로 보인다. 사가모노카미相模守의 부하인 이시카와 지칸石川自寬이라고 하는 80여 세의 노인이 야스모리에게 다음과 같이 말했다고 한다.

나는 아코의 낭인들이 기라吉良의 저택에 침입한(주군의 원수를 갚은) 해에 태어났는데 옛날과 비교하면 완전히 변했습니다. 예를 들어 내가 젊었을 때는 소년애가 상당히 유행하여 다이묘大名나 하타모토旗本는 앞 다투어 미소년 고쇼를 두었습니다. 무엇을 숨기겠습니까. 이렇게 말하는 나도 예전에는 고쇼였습니다.

80대의 노인이 이래봬도 젊었을 때는 나도 인기 있는 미소년이었다고 고백한 이야기이다. 야스모리는 "당시唐詩의 홍안紅顔의 미소년, 백발노인을 떠올리고 재미있어 하다"고 부언하고 있지만 이 이야기는 단순히 재미있다는 정도로 끝나지 않는다. 남색에 대한 사회 풍조의 변화를 보여주는 1급 증언이라고 할 수 있다.

이 이야기는 미타무라 엔교의 논문에도 자세히 소개되어 있다. 과연 엔교라 하지 않을 수 없다. 그렇다면 지금부터 하려고 하는 이야기는 어떨까. 이 이야기는 엔교도 언급한 적이 없다고 생각한다.

세쓰히메節姬와 고고쇼兒小姓들

가가加賀藩의 번주 마에다 쓰나노리前田綱紀의 딸 세쓰히메가 히로시마廣島 번의 아사노 요시나가淺野吉長에게 시집갔을 때라고 하는 것으로 보아 1699년의 일이다. 사쿠라다櫻田에 있는 아사노 가로 들어간 세쓰히메는 아사노가의 '시장侍帳'[3]을 보고 싶다고 했다. 그런데 장부에 고고쇼들의 이름이 없었다. 세쓰히메가 "왜 이름이 없는가?"라고 물어보자 "혼례 전에 모두 성인식을 올리라는 명령을 내리고 다른 곳으로 내보냈습니다"[4]라는 대답이 돌아왔다.

아사노 가에서는 마에다 가의 아가씨를 맞이하게 되었으므로 그때까지 요시나가를 모시던 고고쇼들에게 성인식을 올리게 하거나

---

3 번사의 명부, 직원록.
4 『松雲公御夜話—御夜話集 下篇』, 石川縣圖書館協會, 1934.

제5장 | 수염과 앞머리 ——— 183

다른 곳으로 보내기도 하는 등 혼례 전에 정리를 했던 것이다. 그렇게 한 이유는 물론 남색의 대상이었던 성인식 전의 미소년들이 신랑 곁에 붙어 있으면 신부 세쓰히메의 기분을 상하게 하고 더 나아가서는 히메의 친정 마에다 가와의 관계에도 금이 갈 우려가 있다고 판단했기 때문일 것이다.

그런데 대답을 들은 세쓰히메는 "그런 걱정은 안 해도 됩니다. 나는 고고쇼들이 남편의 곁에 있다고 해서 조금도 신경 쓰이지 않습니다"라는 반응을 보였다고 한다. 뿐만 아니라 "다이묘의 주변에는 역시 고고쇼가 필요한 법이에요"라고 말한 뒤 미소년을 골라 새로 고고쇼를 만들고 그들에게 지급하는 비용은 모두 히메 쪽에서 부담하기로 했다고 한다.

히메는 아버지의 영향을 받는 등 교양이 풍부한 재원이었던 것 같다. 그랬기 때문에 질투의 감정을 스스로 엄하게 경계하고 남편의 소년애도 대범하게 허락한 것으로 보인다. 훗날 "세쓰히메는 요시나가에게 시집가 금슬이 아주 좋았다. 이 사실은 칭송할 만하다"(近藤磐雄, 『加賀松雲公』)라는 평가를 받은 것도 수긍이 되는 부분이다. 하지만 그녀는 훗날 너무나도 노골적인 남편의 바람기를 꾸짖으며 자살했다. 이에 대해서는 제3장에서 소개한 바 있다.

세쓰히메의 현모양처다운 모습. 하지만 그 이상으로 이 이야기가 가지고 있는 풍속 사료로서의 가치에 더 주목하고 싶다. 즉 다이묘들이 성인식 전 앞머리를 내린 모습의 고고쇼를 곁에 두고 시중을 들게 하는 것이 당연시 되는 한편, 어딘지 께름칙한 기운도 감돌기 시작한 시대(17세기 말)의 공기를 맡을 수 있는 것이다.

**미소년
인형**
에도 중기 이후 남색풍속이 쇠퇴했음을 보여주는 사료는 이 외에도 많다. 예를 들어 1826년 간행된 『환혼지료還魂紙料』에 있는 내용도 그중 하나다. 저자 류테이 다네히코柳亭種彦는 '미소년인형若棨木偶'이라는 골동품인형에 대해 "예전에는 이런 미소년인형이 어린 아이들의 장난감이 아니라 어른들의 애완용품"이었다고 설명했다. 미소년인형의 용도 변화. 그 부분에 대해서도 다네히코는 "예전의 풍습을 떠올리지 않을 수 없다"고 감개무량한 모습을 보였다.

오타 난보大田南畝가 수필 『일화일언一話一言』에서 "『겐무모노가타리幻夢物語』 등의 작품은 남색에 관해 적은 책"이라고 소개하고 있는 것도 마찬가지이다. 남색유행은 이미 먼 과거의 일이라고 생각한 당시의 일반적인 상식을 감지할 수 있다. 난보는 또 「남색상대사男色相對死」라는 제목으로, 1781년 스루가駿河에서 발생한 18세의 아름다운 승려와 절에서 일하던 하인의 정사사건도 다루고 있다.

앞에서 인용한 『이로하문고』를 살펴보면 겐로쿠시대에는 그리 드문 일이 아니었던 남자 간의 정사가 난보시대에는 아주 드문 사건처럼 취급되고 있다. 격세지감을 느끼지 않을 수 없다.

미소년인형.(『還魂紙料』)

**사라진
미소년**
18세기 이후 현저한 남색풍속의 쇠퇴. 이는 의심할 여지가 없는 역사적 사실이다. 하지만 쇠퇴했다고는 해도 남색에 대한 에도시대 사람들의 태도는 여전히 근대 이후와는 비교도 안 될 만큼 관용적인데다 죄의식을 강요하지도 않았다(제3장 참조).

에도 전기까지만 해도 남색이 그토록 화려한 취급을 받은 사실을 돌아본다면 이러한 변화는 단순한 변화라기보다 풍속의 대변혁이라고 불러야 할지도 모르겠다. 그렇다면 일본풍속사에서 이 '대변혁'은 성 문제 외에 어떤 부분에 영향을 미쳤을까.

가장 먼저 사료 속에서 고고쇼 등 '소년애의 인기스타'의 활약이 더 이상 눈에 띄지 않게 되었다는 점을 꼽을 수 있겠다. 미타무라 엔교도 "예전에는 다이묘大名 가에 5명 내지 10명의 고고쇼가 일하고 있었지만 겐분元文, 엔쿄延享시대인 1736~1748년 무렵에는 어느새 사라져버렸다"고 지적한바 있다. 다이묘를 가까이에서 모시던 고고쇼들이 18세기가 되자 사라져 버렸다는 것이다.

하지만 이정도의 대변혁이 일률적으로 전국 어느 번에서나 일어났다고는 생각하지 않는다. 실제로 1740년 작성된 히로사키 번의 긴쥬近習[5] 및 고쇼小姓의 직무상 서약사항에서 "하녀 및 성인이 되기 전 앞머리를 내린 고쇼"라는 부분을 찾아볼 수 있고, 오카야마 번에서는 18세기 이후에도 여전히 남색의 대상이 될 수 있는 고고쇼가

---

5   주군의 측근에서 모시던 직책. 주군의 경호 담당.

남아 있었음을 확인할 수 있다. 히로시마 번에두 셋쓰히메의 남편 아사노 요시나가가 번주였던 1714년 당시 긴쥬와 고고쇼들의 근무 시 유의사항이 작성되어 있다.

하지만 앞머리를 내린 고고쇼가 공식적인 자리에서 배제되어 간 사실을 뒷받침하는 사료 역시 적지 않다. 18세기 전반에 성립된『하가쿠레葉隱』에 사가 번佐賀藩의 번주 나베시마 미쓰시게鍋島光茂가 1681년 에도참근江戸参勤 이후 '앞머리를 내린 고고쇼小小姓'는 데리고 가지 않았다는 기록과 사가 번의 고고쇼 폐지에 관한 내용이 언급되어 있다.

고고쇼 자체가 폐지된 건 아니지만 소년의 성적 상징이라 할 수 있는 앞머리를 둘러싼 변화에 대해 사쓰마 번의 시라오 사이조白尾斎蔵는 다음과 같이 말한 바 있다.

얼마 전 요코야마 초에몬橫山長右衛門이라는 자가 겐로쿠시대에 적은 일기를 살펴보다가 알게 된 사실이다. 당시 우리 번에서는 남자 나이 20세면 스미이레角入[6]를 하고 23세에 앞머리를 없앤 뒤 성인이 되는 것을 규칙으로 정해 놓았던 것 같다. 하긴 예전에는 고고쇼 등도 29세가 되어서야 비로소 앞머리를 없앴다. 그런데 지금은 가능한 한 빨리 성인식을 올리고 번에서 급여를 받으려는 심산인지 14세 정도만 되면 일찌감치 앞머리를 없애고 있다. 불과 100년 사이에 번의 풍속이 이렇게 바뀌게 된 것이다.

---

6 앞머리의 양쪽 귀퉁이를 바짝 깍은 모양. 절반의 성인.

배제되어 간 앞머리

이것은 사이조가 1800년대 초, 번의 명령으로 저술한 『시즈노오다마키倭文麻環』의 일부분(참고로 이 책은 제2장에서 남색을 다룬 사랑 이야기로 유명한 『시즈노오다마키賤のおだまき』와는 완전히 다름)이다.

100여 년 전 겐로쿠시대의 사쓰마를 돌아보며 옛날에는 고고쇼든 일반 자제든 앞머리를 없애는, 즉 성인식을 올리고 소년에서 남자가 되는 연령이 지금보다 훨씬 늦었다며 풍속의 변화에 감개무량한 듯 말하고 있다. 즉, 겐로쿠시대 이전에는 신체적으로는 완전히 성인이 된 후에도 소년처럼 앞머리를 내리고 있는 소위 '오와카슈大若衆'[7]가 많았는데 100년이 지난 지금 오와카슈의 모습은 거의 찾아볼 수 없다는 말이다. 그 대신 아직 어린아이 같은데 앞머리를 없애고 성인이 된 미덥지 못한 무사들이 지나치게 눈에 많이 띈다는 의미로 해석할 수도 있다.

앞머리를 내린 미소년을 사랑하는 풍조가 강하고 메이지 이후에도 여전히 소년애가 성행했던 사쓰마에서조차 이런 상황이었으니 다른 곳은 오죽했을까. 단편적이라면 단편적인 사료에 불과하지만에도 후기 무사사회의 '앞머리 쇠퇴' 현상이 눈에 선하다. 이는 번에서만 볼 수 있던 현상이 아니었다. 막부에서도 똑같은 상황이 벌어졌다.

다시 아마노 나가시게의 『사충지집』을 살펴보기로 하자. 이것은

---

7 와카슈若衆는 남색의 대상이 되는 미소년. 에도시대 성인식을 올리기 전 앞머리를 내린 모습의 소년. 또 가부키 배우로 무대에 오르는 한편 남색을 파는 소년을 말함.

1680년 나가시게가 「이에미쓰家光 및 이에쓰나家綱 두 쇼군의 재위 기간에 실시된 개력과 변화, 순서는 다름大獻公嚴有公兩世之改儀次第不同」이라는 제목으로 50항목에 걸쳐 이에미쓰, 이에쓰나시대에 생긴 50가지 변화를 생각나는 대로 기록한 것이다.

교토의 마치부교町奉行신설, 순사殉死의 금지 등과 같은 정치적, 제도적인 변화도 있고 시종時鍾이 곳곳에 세워졌다든가 다이묘 저택의 망루가 사라졌다는 등 에도의 풍경변화도 포함되어 있다. 뿐만 아니라 여성의 복장변화도 기록하는 등 다양하고 잡다했는데, 그중 47번째 항목이 "고반슈 앞머리를 없앨 것御番衆前髮無之事"이다.

'고반슈御番衆'란 쇼군과 에도성, 기타 경호를 맡는 무관계통의 신하를 총칭하는 말이다. 구체적으로는 오반大番,[8] 쇼인반書院番,[9] 고쇼반小姓番, 신반新番,[10] 고쥬닌小十人[11] 등을 가리키는데, 앞에서 말한 조항은 이런 경비담당 무사들에게 전원 앞머리를 없애도록 했다는 내용이다.

18세기 이후 앞머리를 내린 모습의 소년들이 무사의 직장에서 점차 배제되어 간 것은 번과 막부를 막론하고 시대적 추세였던 것 같다.

---

8 에도막부 쇼군將軍의 직할군단으로 하타모토旗本로 편성.
9 에도막부 쇼군의 친위대.
10 무가에서 경비·군사부문 직책 중 하나. 에도시대에 들어 평화로운 세상이 되자 평상시 외출용 경비대로 신설된 점 및 상비 병력으로서의 성격도 가짐.
11 쇼군 및 쇼군의 적자嫡子를 호위하는 보병 중심의 친위대. 행군·행렬 전위부대, 방문할 곳의 선발경비대, 성 안의 경비 등 3가지가 주요 직무.

무사들의 변용

1652년 남색과 관련된 싸움을 유발하는 등 풍기상 좋지 않다는 이유로 와카슈가부키若衆歌舞伎[12]의 상연이 금지되었다. 구체적으로 금지령은 가부키와카슈(앞머리를 내린 모습의 배우)의 성적 매력의 상징이라고 할 수 있는 앞머리를 없애는 식으로 집행되었다. 참고로 그 후 가부키는 앞머리가 없는 배우들에 의한 야로가부키野郞歌舞伎로 옮겨갔다. 그런데 가부키 무대뿐만 아니라 무사들 세계에서도 앞머리가 공적인 장에서 축출되어 갔다.

'앞머리의 배제'가 지니는 역사적 의미는 오늘날 우리가 상상하는 이상으로 컸다. 왜냐하면 앞머리가 배제되면서 무사들은 적어도 공적인 장에서 소년기의 성적 매력을 충분히 발산하지 못하게 되었고 성적인 우아함도 이전보다 훨씬 못해졌기 때문이다. 그뿐만 아니다. 그러한 시대변화 속에서 보다 빨리 앞머리를 없애고 성인식을 올린 뒤 일찍 결혼하여 '집'과 그에 부수되는 녹봉을 안정적으로 누리고자 하는 풍조가 퍼져나간 것은 『시즈노오다마키倭文麻環』의 저자가 지적한 바 있다.

전국시대에서 에도 초기에 걸쳐 전쟁터나 성 안에서 아주 늠름하고 대단한 활약을 보였던 오와카슈大若衆는 물론, 주군의 곁에서 여

---

12 앞머리가 있는 미소년의 매력을 중심으로 한 가부키. 가부키는 원래 여성의 춤으로 구성된 예능이었지만 1629년 여성이 가부키무대에 설 수 없게 되자 등장함. 1652년 남색으로 인한 풍기문란을 일으킨다는 이유로 와카슈가부키도 금지, 그 후 와카슈의 상징이라고 할 수 있는 앞머리를 없애고 성인의 두발형태로 무대에서는 야로가부키野郞歌舞伎로 이어지게 됨.

미소년들의 가부키 춤.(〈若衆歌舞伎圖〉, 出光美術館)

자로 오인될 만큼 중성적인 매력을 발산했던 고고쇼들도 점차 주 무대에서 사라져갔다.

미나가타 구마구스 등이 지적한 바 있듯이, 예전 오와카슈들은 본인 스스로 여음女淫을 엄격히 경계했다고 하는데 그렇다고 그것이 품행방정品行方正을 지키고자 하는 노력을 말하는 것은 아니었다. 그들과 그들을 둘러싼 사람들의 성적 취향이 남색 쪽으로 더 기울어 있었던 점이 커다란 부분을 차지했기 때문이다. 그들로 대표되는 무사 세계의 이런 정신적 풍토 또한 남색의 쇠퇴와 앞서거니 뒤서거니 하면서 점차 붕괴되어 갔다.

| **결혼하지 않는 남자들** | 여기서 무사의 결혼문제에 대해서도 한 마디 해보기로 하겠다. 구마자와 반잔에 의하면 에도 초까지는 좀처럼 결혼하지 않는 |

무사들이 많았다고 한다.

> 3~40년 전까지 무사들은 대부분 문무예법을 익히는데 바빠서 30세가 넘을 때까지 아내를 맞지 않았다. 주위에서 무리하게 결혼시키려고 하면 싸우려고 들 정도로 싫어했고 40세가 넘어서야 대를 잇기 위해 겨우 아내를 맞아들였다. (『集義外書』)

예전 무사들은 지금보다 결혼하는 연령이 훨씬 늦었다고 한다. 당시에는 비교적 일찍 결혼하는(여성과 일상적으로 관계하게 되는) 것을 업신여기는 풍조가 강했던 것 같다. 그러므로 20대, 30대의 젊은 나이에 어쩔 수 없이 결혼을 한 무사는 부끄러워 집안에 틀어박히기 일쑤였다고 반잔은 말했다.

『미묘공어야화微妙公御夜話』에는 이런 이야기도 수록되어 있다. 마에다 도시쓰네前田利常가 가가 번주에서 물러나 고마쓰小松로 옮긴지 4년째였다고 하므로 1644년 무렵이라고 생각된다. 고마쓰 성에서 은둔하고 있던 마에다 도시쓰네는 부하들이 딸 시집보낼 곳을 찾지 못해 곤란을 겪고 있다는 이야기를 들었다. 그 사실을 알고 도시쓰네 공은 즉시 미혼 여성들과 독신 부하들의 명부를 작성하라고 명령한 뒤 그 명부를 바탕으로 반 강제적으로 짝을 정해 결혼시켰다고 한다.

무사의 만혼(또는 비혼)과 그에 따른 무가의 딸들의 결혼 난. 그 배경에는 물론 경제적인 요인도 있었을 것이다. 왜냐하면 가정을 이루고 가족을 부양해야 하는 남자 쪽은 물론, 상당한 혼인자금을 준비해야 하는 여자 쪽도 자금이 필요했기 때문이다. 하지만 그 외에도 전국시대 이래 무사세계에 남아 있던 여성기피 풍조와 남색의 습속이 적잖이 작용하고 있었던 점도 고려해야 한다.

정말로 그랬다면 남색이 유행하고 쇠퇴한 배경에는 무사들의 결혼연령을 포함하여 남자 대 여자 관계의 변화에 따른 현실과도 밀접히 관련되어 있을 것이다.

사라진 수염

성적으로 눈에 띄지 않게 된 무사들.

에도 초기부터 중기에 이르는 동안 풍속의 대변혁을 겪으면서 무사의 세계가 잃은 것은 앞머리로 상징되는 소년애적 매력만이 아니었다. 그보다 더 큰 풍속의 변화로 수염의 상실을 들 수 있다. 수염은 나는 부위에 따라 콧수염, 턱수염, 구레나룻 등 여러 명칭이 있는데 여기서는 수염으로 통칭하겠다. 역사학자 구로다 히데오黑田日出男 씨는 "에도시대는 이전과 달리 수염이 없던 시대, 수염을 기르지 않는 풍속이 일반적이었다"[13]고 지적한바 있다.

수염을 길렀던 중세시대에 비해 에도시대에는 대개 건강상의 이유로 수염을 기른 병자와 노인, 유학자, 의사 등 특정 직업을 가진 사람들에 한정되어 있었다. 관리官吏 등 성인남자가 수염을 기르게 된 것은 메이지 유신 이후이며 그 자체로 문명개화에 따른 두드러진 풍속변화 중 하나로 꼽을 정도이다.

역사학자 기쿠치 이사오菊池勇夫 씨의 표현을 빌리자면 수염이 없는 것은 "막번제幕藩制 국가에 의해 획일적으로 편성된 신체풍속 중하나"였기 때문이기도 하다.[14] 전국시대 무용武勇을 상징했던 수염이 에도시대에 들어서면서 쇼군의 의지도 작용하는 등 급속히 기피되었다. 그리하여 '체제풍속'으로서 수염을 기르지 않는 것이 일반

---

13 黑田日出男, 「髭の中世と近世」, 『週刊朝日百科 日本の歴史別冊―絵画史料の読み方』, 朝日新聞社, 1988.
14 菊池勇夫, 『北方史のなかの近世日本』, 校倉書房, 1991.

화되었다. 그런데 역사학에서 수염의 유무는 '그깟 수염' 정도로 끝나지 않는다.

수염의 추방, 수염이 드문 사회.

1813년 5월, 에도에서 '장수회長鬚會'와 같은 이벤트가 기획되었을 때 서화회書畵會를 동시 개최한다는 선전에도 불구하고 참가자가 한 명도 없었다고 한다.[15] 오타 난보大田南畝는 그 이유를 어차피 구닥다리 같은 이벤트라고 경원시되었을 것이라고 추측하고 있지만 수염을 기르는 모임이 인기가 없었던 원인은 정말 그뿐이었을까.

반역과 악의 표상

적어도 당시 수염에는 강인함과 동시에 악惡의 이미지가 붙어 다녔던 것 같다. 예를 들어 1784년 간행된 모리시마 주료森島中良의 『만상정희작람상萬象亭戲作濫觴』에는 "예전부터 수많은 조루리淨瑠璃, 구사조시草双子[16]를 조사해 본 바에 따르면 공가公家의 가장 나쁜 악인은 눈썹의 뒤꼬리가 올라가고 수염이 많아서 한 눈에 딱 봐도 악인 같은 모습"을 하고 있다는 부분이 있을 정도다. 조루리나 가부키에 등장하는 거대한 악의 캐릭터 '공가악公家惡.'[17] 당시 사람들에게 시커먼 수염

---

15 『半日閑話 — 日本隨筆大成 I-8』, 吉川弘文館, 1975.
16 에도시대 삽화가 들어있는 통속소설의 총칭.
17 가부키歌舞伎의 역할 중 하나로 황위를 찬탈하고자 하는 신분이 높은 귀족公家을 대표함. 머리에 금관을 쓰고 흰옷을 걸치며 턱수염을 붙임.

미소년에게 내동댕이쳐진 수염 기른 남자.(《邸內遊樂圖屛風》, 出光美術館)

은 무대의 악역을 연상하게 했다.

5대 쇼군 도쿠가와 쓰나요시德川綱吉가 사망하자 아쿠사와 야타유渥澤弥太夫라고 하는 무사가 특별 사면되어 멀리 귀양 가지 않아도 되게 되었다. 야타유가 저지른 죄는 대담무쌍했다. '동물살생금지령生類憐みの令'[18]이 내렸음에도 불구하고 대낮에 아사쿠사강淺草川에서 보란 듯이 낚시를 했다. 뿐만 아니라 관리에게 추궁을 당해도 "나 야타유에게 무례하다"고 오히려 꾸짖었다고도 하는데 그런 일이 여러 차례 쌓이자 마침내 그는 체포되었다. 그런데 그 야타유의 풍체로 말할 것 같으면 거구에 귀밑털이 있고 눈이 부리부리했다고 한다 (『續編武林隱見錄』).

반역과 악의 표상 수염.

하지만 전국시대나 에도 초기부터 그랬던 것은 아니다. 『환혼지료』에서 류테이 다네히코는 가짜수염懸髭을 두고 "옛날 남자는 수염을 좋아했다"고 고증한바 있고 수염을 중요시하던 풍조는 "에도시대 상인출신 협객 등 의협심이 있는 사람들 사이에 근래까지 남아 있었다"고 한다.

사실 1660년 이케다 미쓰마사池田光政 일족이 돗토리鳥取 번주 이케다 미쓰나카池田光仲의 품행을 우려하여 적은 편지[19]에도 "가짜수염을 단 조리토리 등을 데리고 있으므로"라는 문구가 보인다. 당시

---

18 에도막부 5대 쇼군 쓰나요시가 다스리던 시기(1680~1709)에 내린 동물애호를 목적으로 하는 법령의 총칭.

19 藤井駿·水野恭一郎·谷口澄夫 編, 『池田光政日記』, 國書刊行會, 1983.

31세였던 미쓰나카는 기행奇行을 일삼던 인물이었다. 그런데 그를 따르는 조리토리들이 가짜수염을 붙이고 있었다는 것이다.

| **남자다움의 표상** | 앞에서 살펴봤듯이 전국시대의 여열이 충분히 가시지 않은 에도 초기까지만 해도 수염은 남자다움을 상징하는 것 중 하나였다. |

『하가쿠레』에는 야마모토 조초山本常朝가 '나이 든 무사'로부터 전쟁터에서 가져야 할 마음가짐에 대해 경청했다는 부분이 있다(『聞書 十一』). 전쟁터에서 '콧수염이 없는 자의 머리'는 여자의 머리와 구별하기 어려워 전공戰功에 따른 포상의 대상이 될 수 없었기 때문에 버려졌다고 한다. 수염은 단순히 용맹함을 과시하기 위한 수단일 뿐만 아니라 언제 전장에서 죽을지 모르는 무사들로서는 본인의 머리가 들판에 버려지지 않도록 하기 위한 수단, 즉 남자라는 것을 나타내는 생리적 증명이기도 했던 것이다.

수염은 또 각자의 개성을 두드러져 보이게 해주었다. 1589년 9월 9일 마에다 도시이에前田利家가 중양절을 축하하기 위해 주라쿠테이 聚樂第[20]에 있는 도요토미를 찾았을 때 일이다. 도시이에의 가신 무라이 나가요리村井長頼가 히데요시에게 헌상할 큰칼太刀을 꺼내려고 하자 우에스기 가게카쓰上杉景勝의 부하로 역시 큰칼을 헌상하려고

---

20 도요토미 히데요시豊臣秀吉가 교토에 지은 성곽풍의 저택.

하고 있던 나오에 가네쓰구直江兼續가 "잠깐!"이라고 외쳤다. 우에스기 가문이 마에다 측보다 격格이 위였기 때문에 "우리가 먼저"라고 한 것이다. 두 가문 사이에 잠시 긴장이 흘렀다. 그런데 무라이 나가요리의 뛰어난 말솜씨로 마에다 가의 칼이 먼저 헌상되었다. 도시이에가 기뻐했음은 물론이다. 귀국 후 도시이에는 무라이 나가요리의 풍성한 붉은 수염을 잡고 "이 수염 덕분에 체면이 섰다"며 감사의 말을 했다고 한다(『三壺記』).

사소한 일화지만 이런 이야기를 통해서도 수염을 둘러싼 당시의 공기와 풍부한 환경이 눈에 선하게 떠오르는 듯하다. 자연히 수염자랑도 성행했던 것 같다. 수필 『갖가지 이설異說まちまち』 등에 의하면 3대 쇼군 도쿠가와 이에미쓰는 수염을 뽐냈다고 한다.

어느 날 이에미쓰 공이 곁에 있는 사람들에게 "지금 가장 멋있는 수염을 가진 사람이 누구인가?"라고 묻고는, 당연히 본인의 수염이 가장 멋있다는 대답을 기대하고 있었다. 그런데 예상과 달리 "당신과 하타모토가 한 명, 합해서 둘입니다"라는 대답을 듣자 분한 마음이 가라앉지 않았다. 그리하여 다음날 즉시 그 하타모토에게 수염을 자르라는 명령을 내렸다고 한다. 이 이야기는 야마모토 슈고로山本周五郎의 소설 『히코자에몬 외기彦左衛門外記』 등에 나와 있는 걸로 봐서 꽤 유명했던 것으로 보인다.

수염의 추방

수염에 우호적이었던 에도 초기. 하지만 에도 후기에도 공식적인 장소에서 수염이 허락되었던 예가 있기는 있다.

『갑자야화甲子夜話』(96권)에 의하면 저자 마쓰라 세이잔松浦静山[21]이 중년이었을 때라고 한 것으로 보아 19세기 초의 일이라고 생각된다. 아와노카미阿波守[22] 마쓰다이라松平가 턱수염을 기른 채 에도 성에 갔다고 하고, 그 후 아와지노카미淡路守[23] 마쓰다이라도 수염이 풍성하다고 하는 부분이 있는 등 수염을 기른 자는 꽤 있었던 것 같다. 아와지노카미 마쓰다이라는 1801년 도야마富山의 번주가 된 마에다 도시쓰요前田利幹와 동일인물이라 생각된다. 이로 볼 때 19세기에 들어서도 여전히 수염을 기른 채 에도 성에 들어간 다이묘가 전혀 없지는 않았던 것이다.

하지만 『갑자야화』에 기록된 내용에는 중요한 접점이 있다. 그중 하나는 마쓰다이라 아와노카미나 아와지노카미 모두 로주老中에게 허락을 구한 뒤 수염을 길렀다는 점이고, 또 하나는 막부의 어떤 신하가 두 사람을 흉내 내어 수염을 길렀다가 감찰관에게 꾸중을 들었다는 점이다.

두 다이묘가 어떤 이유로 수염을 길러도 된다는 허락을 받았는지 정확하지는 않다. 만약 '마쓰다이라 아와지노카미 = 마에다 도시쓰

---

21 마쓰라 세이잔松浦静山(1760~1841) : 히라토 번平戸藩 번주.
22 현재 도쿠시마현德島県 아와시.
23 현재 효고현兵庫県 아와지시.

요’라고 한다면 도시쓰요는 가슴통증 등 지병에 오랫동안 시달리고 있었기 때문에 신체보양을 위해 수염을 길러도 된다는 허락을 받았다고도 볼 수 있다. 하지만 이유야 어찌되었든 이는 어디까지나 예외적이며 통상적으로 공식적인 장소에서 수염은 허용되지 않았다.

그럼 무사의 세계에서 ‘수염의 추방’이라는 대변혁은 언제, 어떻게 이루어졌을까. 이에미쓰 시절(1623~51)부터였다고도 하고 간분寬文(1661~73) 말경부터라고도 하는 등 여러 설이 있어 정확한 시기는 알 수 없다.

일단 『무야촉담』을 통해 수염의 추방에 얽힌 에피소드를 소개해 보기로 하겠다.

도이 도시카쓰土井利勝는 멋진 수염을 기르고 있었다. 도시카쓰는 사실 이에야스家康 공의 아들이라는 말이 있었는데 아마 그런 배경도 작용했을 것이다. 어떤 사람이 “도시카쓰의 수염은 이에야스 공과 똑같다”고 칭송하자 “무슨 황공한 말인가”라고 하며 도시카쓰가 그 사람을 크게 꾸짖었다. 그리고 다음날 그는 수염을 깔끔하게 깎은 뒤 에도 성에 들어갔다고 한다.

『무야촉담』의 저자는 이 이야기를 한 뒤 무사의 세계에서 수염이 사라진 경위를 다음과 같이 말했다.

지금까지 남자는 구레나룻을 제일로 내세웠지만 이에미쓰 공이 수염이 없자 도이 도시카쓰가 사려 깊게 수염을 잘랐고 세상 사람들도 그를 따라 수염을 자르게 되었다. 그 후 이를 계기로 수염을 기르고 있던 자들 마저 엔포延宝 초부터 모두 자르게 되었다. 즉, 도시카쓰부터 시작된 것이라고 나이 든 노인이 말했다.

원래 계기는 당시의 쇼군 이에미쓰가 수염을 기르지 않았기 때문에(이 부분은 이에미쓰가 수염자랑을 했다는 설과 다르다. 어쩌면 이에미쓰 스스로 수염을 자르고 자기 변혁한 것은 아닐까), 마침내 사람들도 수염을 기르지 않게 되었다. 이와 같이 엔포延宝(1673~81) 초에는 수염의 추방이 거의 완료되었다. 그렇게 노인이 말했다는 것이다. 이 이야기만으로는 구레나룻만 깎은 것인지, 아니면 콧수염, 턱수염을 포함한 수염 전반이었는지 정확하지 않지만 말이다.

다른 사료에서 수집한 증언과 아울러 고찰해보면 17세기 말경까지 에도를 중심으로 무사 세계에서 남자가 수염을 즐겨 기르던 풍조는 거의 사라지고 수염을 기르지 않는 풍속이 일반서민 남자들한테 침투되어 갔다고 추측할 수 있다.

**근세적
무사의 성립**　　　그건 그렇고 남색이나 소년애가 주요 테마인 본 책에서 왜 지저분하게 수염이 있는 남자들에 대해 장황하게 늘어놓는지 노여워하는 독자도 적지 않을 것 같다.

왜 수염일까?

그것은 바로 수염의 추방이 앞머리의 배제와 서로 맞물려 남성들을 둘러싼 풍속의 변혁을 상징하고, 더 나아가 남색쇠퇴 풍조와도 밀접하게 연결된다고 생각하기 때문이다. 앞머리를 배제함으로써 무사들이 소년기의 성적 매력에 커다란 제약을 받은 것과 마찬가지로, 수염이 추방되면서 전투적인 풍속이 지나치게 억제 당하게 되었다고 할 수 있다.

구로다 히데오黑田日出男 씨는 "수염을 기르지 않는 남자들이야 말로 근세적 질서와 평화의 단적인 표현이었다"고 말했다. 다시 말해 그 결과 무사의 풍속은 용맹함도 중성적으로, 우아함도 눈에 띄지 않는 그저 그런 평범한 존재로 변해 갔다.

그것은 전사戰士로서의 용맹함과 동성애적 습속(의형제 맺기, 또는 주군과 총애하는 신하의 유대관계)을 동시에 가지고 있던 중세적 무사풍속에 대한 부정이자 수정修正이며, 더 나아가서는 근세적 무사의 풍속 성립을 향해 나아가는 중대한 과정이었다고 할 수 있다.

**남색은 왜
쇠퇴했을까**

그런데 18세기 이후 남색풍속은 왜 쇠퇴했을까. 문제의 성격상 명확한 답을 내기는 불가능하지만 그래도 여러 역사적 요인과 배경을 지적할 수 있다.

국문학자 마쓰다 오사무松田修 씨는 전국시대에 남색이 그토록 유행했던 이유는 전투가 일상이었던 무사들에게는 깊은 동지적 연대가 필수 불가결한 요소였기 때문이라고 보았다. 목숨을 걸고 함께 싸우는 남자들의 유대관계로서의 남색. 바로 그 때문에 에도시대 이후 평화로운 세상이 되자 "전투요원이었던 무사에서 관료적 무사로 구도가 바뀌는 과정에서 남색은 그 사회적 유효성을 상실했다"고 했다.[24]

동성애를 동반하는 경우가 많았던 의형제의 습속이 한편으로는 전사를 양성(教育)하기 위한 중요한 제도이기도 했다는 사실을 돌이켜볼 때, 무사가 전투하는 남자에서 관리 또는 기껏해야 경호요원으로 변해가면서 남색습속이 사회적 유효성을 잃은 것은 당연한 귀결이라고 할 수 있다. 남색이 집단의 제도에서 개인적인 성애의 기호로 왜소화, 특수화되어 간 경향을 충분히 파악할 수 있다.

한편 미타무라 엔교는 「인간미의 경쟁人間美の競争」에서 동성애가 쇠퇴한 이유를 다음과 같이 말하고 있다.

소년배우의 매춘이 쇠퇴하고 남성들의 동성애가 일반적으로 쇠망한 것은 남성의 아름다움이 다했기 때문도 아니고 학문적인 깨달음으로 이륜彝倫(사람이 항상 지켜야 할 도리)도덕에 각성했기 때문도 아니다. 그 것은 쇼군 요시무네하에서 실시된 마쓰다이라 노리사토松平乘邑의 근검절약정치에 따라 강제적으로 이루어진 것이다.

---

24 松田修, 『男色細見三の朝解題－日本庶民文化史料集成 9』, 三一書房, 1974.

가장 큰 이유는 막부의 정책, 그중에서도 8대 쇼군 요시무네 시절 재정담당 로주로서 막부의 재정재건에 수완을 발휘한 마쓰다이라 노리사토가 펼친 정책 때문이라는 것이다. 근검절약을 강제한 정책이나 강력한 풍속통제가 지대한 영향을 미쳤다고 할 수 있다. 하지만 그것만으로 '동성애의 쇠퇴'라는 일대 풍속변화를 초래했다고 보는 것은 적잖이 의문스럽다.

영향력 면에서 보자면 오히려 앞에서 다룬 무사의 '결혼연령의 변화'가 더 큰 부분을 차지하지는 않을까. 즉 구마자와 반잔이 "에도 초까지는 40세가 되어서야 가정을 가진 무사가 많았는데 지금은(17세기 후반) 20세 전후에 적극적으로 아내를 맞이하게 되었다"고 한탄하고 있는(『集義外書』) 점에 주목할 필요가 있다.

무사들의 조혼화早婚化 현상이 남색의 쇠퇴를 가져왔는지, 그 반대로 남색이 쇠퇴한 결과 결혼연령이 낮아진 것인지 인과관계는 분명하지 않다. 어쨌든 결혼을 빨리 하게 되면서 남자들끼리 친밀한 교제를 할 시기가 현저히 단축되고 기회가 줄어든 것만은 분명하다.

또 유럽사에서 동성애가 죄악시된 이유 중 하나로 페스트로 인해 인구가 격감된 특수한 사회상황에서 벌어진 출산장려 움직임과 무관하지 않다는 서양사학자의 지적[25]에도 귀를 기울여야 할 것이다. 오랜 전란 뒤에 찾아온 에도시대 역시 생산력이 확대되면서 그와 같은 사회적 요청이 있었을 것으로 추측되기 때문이다.

---

25   阿部謹也, 『西洋中世の男と女─聖性の呪縛の下で』, 筑摩書房, 1991.

회색화灰色化되어간 남성풍속

하지만 좀 더 넓은 시각에서 보면 남성이 과도한 전투성戰鬪性과 여자로 오인될 만큼 중성적인 아름다움을 모두 박탈당하는 경향은 인간사회가 문명화됨에 따라 겪게 되는 풍속 변화의 한 유형이라는 기분도 든다.

인간행동학자 아이블 아이베스펠트는 남성은 사회의 그물망이 촘촘하면 촘촘할수록, 상호 인간관계가 복잡화되면 될수록 공격적인 성격이나 압도적인 태도가 억제 당하게 된다고 했다. 그는 또 남성의 의상이나 장식도 간단해지고 수수해지며 모든 문명에서 남자의 회색화 과정을 겪는다고도 했다.[26]

심리학자 와타나베 쓰네오渡辺恒夫는 아이블 아이베스펠트의 이론을 인용하여 "근대화 과정이란 양성에 속해있던 '미美'의 성질이 여성 쪽으로 전문화되어 가는 과정"이라고 했다. 전근대 사회에서는 남성들이 화려하게 장식하여 자신의 아름다운 모습을 과시했지만 근대화 과정을 거치면서 장식의 아름다움은 여성의 전유물로 바뀌게 되었다는 것이다.

더 나아가 그는 근대의 남성은 자신의 육체에서 미학적인 기능과 에로스적인 가치를 스스로 박탈하고 여성에게 일방적으로 강요한 뒤 여성을 소유함으로써 그것을 다시 손에 넣는 전술을 택했다고 해석했다.[27]

---

26 アイブル アイベスフェルト, 日高敏隆・久保和彦 譯, 『愛と憎しみ－人間の基本的行動様式とその自然誌』, みすず書房, 1974.

그가 묘사한 근대화 과정이 에도시대의 일본에 어느 정도 들어맞는지 단락적인 비교는 피해야 할 것이다. 하지만 남성풍속의 '회색화'라는 표현이 "눈에 띄지 않는 평범함"이라는 의미가 된 17세기 후반 이후의 무사들에게 꼭 들어맞는 표현이라고 생각되는 것도 사실이다.

한편 동시대의 여성들은 어땠을까. 가가 번주 마에다 쓰나노리가 밤에 담소를 나누면서 "요즘 여성들의 풍속을 보면 놀랄 만큼 화려해져서 마치 보살상처럼 빛난다"[28]라고 말했듯이 누가 봐도 아름답고 여성스럽게 변해갔다. 눈에 띄지 않고 시궁쥐처럼 변해가는 남성들과는 반대로 여성들은 눈에 띄게 화려해지기 시작한 것이다. "공격성과 에로스적인 가치를 빼앗긴 채 눈에 띄지 않게 된 남성들"과 "아름답게 꾸며 눈에 띄기 시작한 여성들."

문명화 과정의 남과 여. 어느덧 동성애 풍속은 일본남색사의 틀 안에서만 논할 수 없게 된 것이다.

27 渡辺恒夫, 『脱男性の時代―アンドロジナスをめざす文明學』, 勁草書房, 1986.
28 『松雲公御夜話―御夜話集 下篇』, 石川県圖書館協會, 1934.

제6장

남자다운
모습

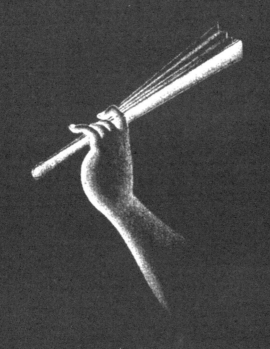

**얼굴이 잘생긴
사람이란**

동성애 풍속이 에도시대의 문화에 미친
여러 영향과 풍속상의 흔적을 찾고자 할 때
남자의 용모(사회적 가치나 기호의 변화)에 관
한 문제 역시 피해갈 수 없을 것이다.

수년 전 구 막부의 무사가 메이지시대에 쓴『마사히로 일대기政恒
一代記』라는 책에서 아주 흥미로운 부분을 발견했다. 영주의 시중을
드는 부하들 사이에서는 '얼굴이 잘생긴 사람'이 가장 기세가 등등
하다는 내용이었다. 가령 혼잡할 때에도 잘생긴 부하는 다른 행렬에
있는 사람보다 우선적으로 지나갈 수 있었다. 따라서 어느 번에서나
급료를 많이 지불하더라도 될 수 있으면 잘생긴 부하를 고용하려 했
다는 것이다.

얼굴이 잘생긴 부하란 어떤 의미일까. 상당히 고민한 끝에 저자가
도달한 결론은 다음과 같다.

길이 혼잡해도 잘생긴 부하가 뒤따르고 있으면 다른 영주의 부하들이
길을 양보해 준다고 한다. 얼굴이 잘생겼다는 것은 남자다운 모습, 다시
말해 단순히 미모美貌를 의미하기보다는 동료들 사이에서 말 그대로 '좋
은 얼굴'로 인정받는다는 의미일 것이다.[1]

얼굴이 좋다는 것은 단순히 미모, 남자다운 모습을 말하는 것이

---

1   氏家幹人,『殿様と鼠小姓』, 中央新書, 1991.

이니라 동료들 사이에서 '얼굴이 통한다'(지명도, 신뢰두가 높다)는 의미임에 틀림없다고 이해했다(또한 '남자다운 모습'에는 용모, 인상이라는 의미 외에 남자(= 무사)로서의 역할이라는 의미도 있었겠지만 여기서는 어디까지나 전자의 의미이다).

남자다운 모습

이렇게 생각하게 된 데는 그럴 만한 배경이 있다. 비근한 예로 시대소설, 그것도 에도시대를 무대로 한 작품으로 정평이 나 있는 이케나미 쇼타로池波正太郎는 소설과는 별개로 풍부한 인생경험에서 얻은 학식을 드러낸 에세이『남자의 방법男の作法』에서 "얼굴이란 바뀌는 법이다. 대개 젊을 때부터 좋은 얼굴이란 없다. 남자의 얼굴을 좋은 얼굴로 바꾸어 가는 것이 바로 남자를 가꾸는 일이다"라고 말했다.

남자에게 좋은 얼굴이란 타고난 단정한 용모가 아니라 다양하게 여러 인생경험을 쌓으면서 가꾸어가는 것이다. 늠름함과 자신감, 그리고 은근한 멋이 두루 배어 나온 '그 무엇'이라는 것이다. 그의 대표작 중 하나인『남자다운 모습男振』의 주인공 호리 겐타로堀源太郎는 온갖 고생 끝에 남자다운 모습을 갖추게 된 전형적인 인물로 묘사되어 있는데 줄거리는 대략 다음과 같다.

에도 번저에서 주군의 아들을 모시고 있던 겐타로는 15세 때 갑자기 머리카락이 빠지는 바람에 대머리가 되었다. 철없이 비웃는 주군의 아들. 화가 나 자기도 모르게 주군의 아들에게 상처를 입히고 고향을 떠난 겐타로의 앞날은 고난의 연속이었다.

하지만 20년 후 그는 유명한 목수가 되어 고향에 나타났다. 용모는 실제 나이보다 10살은 많아 보이고 거무스름한 얼굴에는 중년남자의 기름기가 잔뜩 끼여 있었다. 머리에는 머리카락이 한 올도 없었지만 조금도 부자연스럽게 느껴지지 않았다. 아니 오히려 범접하기 어려운 관록마저 감돌고 있었다.

겐타로는 사실 번주가 숨겨놓은 아들이었다. 그 사실을 비밀로 한 채 그를 양육했던 그의 아버지 호리 겐에몬堀源右衛門도 너무나 변한 겐타로의 모습에 자기도 모르게 말문이 막히고 말았다.

"풍채가 아주 좋아졌구나."

그렇다. 남자의 얼굴은 온갖 풍파를 거쳐야 멋지게 완성되는 법이다. 얄팍하고 가벼운 얼굴 따위는 아무 것도 아니라고 많은 독자들은 수긍했을 것이다.

저자는 열광적인 이케나미의 팬은 아니지만 남자의 얼굴에 대한 적당한 견해와 평가기준은 기본적으로 그와 일치한다. 적어도 표면적으로 "남자는 얼굴이 다가 아니다"(이 경우 '얼굴'이란 말할 필요도 없이 즉물적인 용모를 말한다)라든가 "남자의 얼굴은 스스로 가꾸어야 한다"라는 사상에 어릴 때부터 물들어 있었다고 생각한다. 그렇기 때문에 에도시대의 얼굴이 잘생겼다는 등의 표현을 봐도 결국은 아름답거나 추함의 문제가 아니라고 생각한 것이다.

명군名君의 증거

이케나미의 작품을 예로 들것까지도 없이 에 도시대의 사료에도 비슷한 사상(남자는 얼굴이 아 니다)을 뚜렷이 보여주는 예가 있다.

먼저 다케다 신겐武田信玄을 중심으로 고슈甲州무사의 언행과 군법을 기록한 『갑양군감甲陽軍鑑』에는 하루노부晴信(후의 신겐)가 추남인 야마모토 간스케山本勘介를 외모에 개의치 않고 기용한 이야기가 소개되어 있다. 또 대장군이라면 설령 재기才氣가 다소 부족하거나 생김새가 안 좋아도 무도武道에 정진하는 부하를 눈여겨봐야 한다고 했다.

『무공잡기』에는 에도막부와 도요토미 가의 전투大坂夏の陣에서 분전 끝에 목숨을 잃은 오가사와라 효부다유小笠原兵部太輔에 대해 다음과 같이 기록하고 있다.

효부다유에게는 고쇼가 10명 있었는데 그중 9명은 주인과 함께 죽고, 남아 있던 시마다테 야에몬嶋舘弥右衛門은 주군이 죽은 지 100일째 되던 날 할복했다고 한다. 시마다테 야에몬은 당시 다른 곳에서 전투를 벌이고 있었기 때문에 같이 죽을 수 없었지만 100일째 공양을 무사히 마친 후 이제 더 이상 미련은 없다고 뒤따라 죽은 것이다.

그런데 고쇼들이 이렇게까지 효부다유를 따른 이유에 대해 『무공잡기』의 저자는 "효부다유는 고쇼의 용모와는 관계없이 오로지 정신이 올바른가를 보고 총애했다. 사람을 알아보는 지혜가 있었다고 할 수 있다"고 말했다. 얼굴보다는 마음. 흔히들 미소년을 고쇼로 채용하지만 효부다유는 아름다운 용모가 아니라 올바른 마음가짐을

214 —— 무사도와 에로스

보고 고소들을 사랑했다는 것이다.

이와 비슷한 미담은 1649년 15만 석 규모의 히메지 번姬路藩의 번주가 된 사카키바라 다다쓰구榊原忠次의 경우에도 전해진다. 『사카키바라 다다쓰구언행록榊原忠次言行錄』에 의하면 내용은 대략 다음과 같다.

히메지 번姬路藩에서는 채용한 청소하는 아이를 에도 번저에 결원이 생길 때마다 급여를 올려준 뒤 순차적으로 파견하기로 되어 있었다. 하지만 무네다케宗竹라고 하는 아이만 번의 관리들이 파견하기를 보류하고 있었다. 그 사실을 안 다다쓰구가 "이유가 뭔가?"라고 묻자 관리들이 "무네다케는 병도 있는데다 못생겼기 때문에 에도에 데리고 가면 필시 모양새가 안 좋을 것이라고 생각했습니다"라고 대답했다. 그러자 다다쓰구는 병자든 못생기든 상관없다고 한 뒤 다른 사람들과 마찬가지로 급여를 올려주고 무네다케를 에도로 데리고 갔다.

책의 저자는 이 일화를 소개한 뒤, 다다쓰구는 청소하는 아이뿐만 아니라 시중드는 사람, 물품담당, 가마꾼에 이르기까지 모두 대대로 일해 왔던 사람을 채용하고 외부인을 고용하지 않았다는 사실도 소개했다. 채용범위를 넓혀 외부인을 고용하면 용모, 능력이 뛰어난 자로 갖출 수도 있었을 텐데 굳이 그렇게 하지 않았다는 것이다.

선대부터 일해 왔던 사람들만 채용하면 자연히 못생긴 사람도 고용하게 된다. 그럼에도 불구하고 대대로 일해 왔던 자를 소중히 여긴 사카키바라 다다쓰구의 처사야 말로 그가 '명군'임을 나타내주는 증거라고『사카키바라 다다쓰구언행록』의 저자는 말하고 있다.

**못생긴 남자가
명물名物이다**

다케다 신겐과 사카키바라 다다쓰구의
일화는 위와 같았다. 하지만 부하는 얼굴보
다 마음이 우선이라는 점에서는 뭐니 뭐니
해도『하가쿠레』에 있는 나베시마 미쓰시게鍋島光茂[2]의 일화가 압권
이다.

어느 날 미쓰시게 공의 딸 오하루ぉ春는 에도의 저택에서 여러 다
이묘 및 하타모토의 행렬을 구경하고 있었다. 오하루는 "어느 행렬
이나 모두 멋지고 엄숙하다"고 하는 등 측근들과 각 가문의 행렬에
우열을 가려가며 즐거운 한때를 보내고 있었다. 드디어 아버지 미쓰
시게 공의 행렬이 지나갔다. 그런데 그 행렬을 본 오하루는 깜짝 놀
랐다. 왜냐하면 아버지의 일행은 다른 가문의 행렬에 비해 뒤떨어지
고 수행하는 자들은 촌스럽고 못생겼으며 의상도 너무 수수했던 것
이다. 그 모습을 본 오하루는 기분이 나빠졌다.

그 뒤 미쓰시게 공이 돌아오자 오하루가 말했다. "어제 여러 다이
묘의 행렬이 지나가는 모습을 구경했는데 다른 행렬들은 아주 멋졌
습니다. 그런데 아버지의 행렬만 볼품이 없어서 비참하기 짝이 없었
습니다. 그러니 앞으로는 신경을 좀 써 주시면 좋겠습니다." 그렇게

---

2   나베시마 미쓰시게鍋島光茂(1632~1700) : 사가 번佐賀藩의 제2대 번주.

말하며 오하루는 자기도 모르게 눈물을 글썽거렸다.

딸의 말을 들은 미쓰시게는 "네가 신경 쓸 일이 아니다"라고 하며
상대도 하지 않았다. 하지만 오하루도 지지 않았다. "대체 왜 그러시
는 겁니까"라고 아버지를 추궁했다. 그러자 미쓰시게가 "어차피 너
는 이해하지 못하겠지만"이라고 한 뒤 딸에게 들려준 말이 이 이야
기의 요지이다.

다른 다이묘의 행렬을 따르던 자들은 외모가 뛰어난 자로 골라 키를 맞
추고 겉모양만 보고 고용되었다. 그러므로 무슨 일이 생기기라도 하면 주
군을 버리고 도망가 버릴 것이다.

다른 가문에서는 용모가 뛰어난 자를 뽑아 수행하게 하고 게다가
키까지 잘 맞춰서 배열한다. 즉 겉보기에만 신경 쓴 것이다. 그러므
로 자연히 행렬은 화려하지만 여차하면 그들은 주인을 버리고 제일
먼저 도망가 버리고 말 것이다. 미쓰시게는 자랑스럽게 "우리 부하
들은 대대로 내려오는 자들로만 구성되어 있고 외모에 상관없이 데
리고 가기 때문에 볼거리는 없지만 만약의 사태가 생기면 한발도 물
러서지 않고 주군을 위해 목숨을 버릴 자들이다"라고 말했다.

우리 가문에서는 대대로 우리 집안을 섬겨오던 자들로 고용하여 용모
가 뛰어나든 아니든 상관없이 신뢰할 수 있는 자를 데리고 가기로 정해놓
고 있다. 모두 곁에서 부리고 있던 자들이며 용모로 고용한 자들이 아니

기 때문에 아무래도 외관은 볼품이 없을 것이다. 그 대신 나한테 위험이
닥치면 그들은 한 걸음도 물러나지 않고 나를 지켜줄 것이다.

이와 같이 타이른 후 미쓰시게가 한 말이 멋지다.
"우리 집안은 추남이 명물이다."
다른 가문은 몰라도 나베시마 가에서는 외모가 뛰어나지 않은 부
하들이야 말로 자랑이자 보물이라고 단언한 것이다.

남성취향[3] 　　　　이상과 같이 여러 사례를 살펴보다 보면 뭔가
　　　　　　　　당시부터 "남자는 얼굴이 다가 아니다"라는 사
　　　　　　　　상이 강했던 것처럼 보이는데 과연 그럴까.
못생긴 아이를 에도로 파견하는 것을 못마땅하게 여긴 히메지 번
의 관리들이나 오하루가 화낸 것, 그리고 그것을 타이른 나베시마
미쓰시게의 어조로 추측해 보건대 요즘 이상으로 남자의 용모가 중
시되고 있었음을 알 수 있다. 실제 이런 사실을 뒷받침해주는 사료
역시 적지 않다.
먼저 돗토리 번鳥取藩의 번사 사토 나가다케佐藤長健가 편찬한 『인
부록因府錄』을 살펴보기로 하겠다. 돗토리 번주 이케다 미쓰나카池田
光仲는 젊은 시절 '남성취향'에 흠뻑 빠져 있었다. 하지만 '남성취향'

3　일본어로는 '오토코스키男數寄.' 남성의 기호嗜好, 취향에 맞는 것.

이 곧 '남색취향'이라는 의미는 아니다. 『인부록』에 의하면 "젊었을 때 남색을 즐겨하고 천하를 떠돌아다니는 와타리부교渡り奉行[4] 중에서 뛰어난 자로 골라 고용하는 것"을 말한다. 즉 떠돌이 무사 중에서 마음에 드는 자를 골라 부하로 고용하는 것이 취미였다는 말이다.

미쓰나카에 관해서는 재미있는 일화도 기록되어 있다. 이 영주는 어느 날 요시나리무라吉成村와 구라다무라倉田村[5] 사이에 똑바로 나 있는 길을 일부러 아주 구불구불하게 만들었다고 한다. 그런데 그 이유가 특이하다. 길이 똑바로 나있으면 행렬의 앞뒤가 보이지 않기 때문이라는 것이다. 그로서는 자기의 취향대로 채용한 부하들의 멋진 모습을 자기 눈으로 한명도 빠짐없이 확인하고 싶었던 것 같다. 그런 억누를 수 없는 호기심 때문에 많은 수고를 들여 길을 바꾸었다는 것이다.

사토 나가다케에 따르면 사실 길을 바꾼 진짜 이유는 군사적인 문제 때문이었다고 한다. 미쓰나카가 호기심 때문에 이런 공사를 하게 했다고 보는 것은 아무리 그가 명군임을 나타내기 위한 것이라고 해도 다소 무리가 있다.

이런 '남성취향'은 이케다 미쓰나카에만 해당되는 것은 아니었다. 앞에서 인용한 겐로쿠시대 전국의 다이묘 평판기『도카이코슈기土芥寇讎記』에도 비슷한 취미에 몰두한 영주는 얼마든지 있다. 일단 4명

---

4   자신의 기예나 능력을 보다 높이 사주는 주인을 찾아 이 다이묘에서 저 다이묘로 옮겨 다니는 무사.
5   두 곳 모두 현재 돗토리현 소재.

수상음악. 노 젓는 사람은 같은 옷을 차려입은 아름다운 미소년들.
〈邸內遊樂圖〉(相應寺屛風), 德川美術館〉

만 예로 들어보면 다음과 같다.

- 외모가 뛰어난 자를 가신으로 고용하기 때문에 유서 깊고 예능(무예 및 기타 기예)이 뛰어난 자라도 못생긴 남자는 곁에 두지 않는다. (大和郡山城主 本多忠平)
- 예전 용모를 중시하여 선조들이 엄선했던 것과는 관계없이 키가 큰 남자라면 많은 급여를 주고 고용했는데, (…중략…) 근래 들어 남성 취향을 그만두고 성실해졌다. (…중략…) 지금도 미소년을 사랑한다. (越中富山城主 松平利秀)
- 성격이 쾌활한 자를 뽑아서 데리고 갔다. (越前松岡城主 松平昌勝)
- 이전에는 미남 가마꾼을 좋아했기 때문에 그의 가마꾼은 피부가 하얗고, 화장을 하고 입술연지를 바르고 가마를 짊어졌다. (丹波龜山城主 久世重之先代)

여기서 알 수 있듯이 '남성취향'을 가진 다이묘들이 구한 '잘생긴 남자'는 여자로 오인할 만큼 미소년이나 멋진 남자들만은 아니었다. 가마를 짊어지는 가마꾼이나 가까이서 시중드는 자로는 오히려 키가 크고 골격이 튼튼한 거친 남성미의 소유자를 선호했던 것 같다. 『도카이코슈기』의 저자는 또 혼다 다다히라本多忠平**6**의 취향이 "키가 크고 얼굴에 수염이 있으며 눈이 부리부리하고 두꺼운 팔뚝,

---

6 혼다 다다히라本多忠平(1632~1695) : 시라카와 번白河藩의 제2대 번주. 우쓰노미야 번宇都宮藩의 번주를 거쳐 야마토大和 고오리야마 번郡山藩의 초대 번주.

광대뼈가 튀어나온 밉상스러운 남자"라고 구체적으로 묘사하고 있는 것만 봐도 알 수 있으며, 키만 크다면 급여를 많이 주고 고용했다는 도야마富山 성주의 경우도 비슷하다.

| **급료를 바꾼 용모** | 하지만 '남성취향'의 대상으로 용모가 뛰어난 미소년적인 미가 포함되어 있었던 것 역시 틀림없는 사실이었다. 입술연지를 바르고 화 |

장을 한, 피부가 하얀 남자들에게 가마를 짊어지게 했다는 구세久世가의 경우를 봐도 알 수 있다. 키가 크고 남성미가 물씬한 남자든, 피부가 하얀 여성스러운 미소년이든, 아니면 그 둘 다 갖춘 사람이든 어쨌든 남보다 뛰어난 용모나 체구를 가진 남자를 앞 다투어 부하로 삼고자 하는 풍조가 1700년 전후 전국의 다이묘들 사이에 상당히 침투해 있었다.

『속편무림은견록』 등에 의하면 소샤반奏者番[7] 및 지샤부교寺社奉行를 지낸 혼다 다다하루本多忠晴도 상당한 '남성취향'의 소유자였다. "에도에서 용모가 뛰어난 가마꾼을 급여를 많이 주고 고용했다"는 것으로 보아 용모가 뛰어난 가마꾼을 모집하기 위해 돈을 아끼지 않았던 것 같다. 높은 급료를 지급하더라도 잘생긴 자를 고용하려고 한 것은 혼다 다다하루뿐만은 아니었을 것이다. 당시 풍조로 볼 때 정도

---

7 에도막부의 직명. 다이묘나 하타모토가 새해, 오절구 등을 맞아 쇼군을 알현할 때 성명을 고하고 진상품을 피로披露, 쇼군으로부터 하사품의 전달 등을 맡던 직책.

의 차이는 있었을지 몰라도 대부분의 다이묘, 하타모토가 부하를 고용할 때 비슷한 방법을 택했을 것이다. 그렇다면 용모가 뛰어난 자의 급료 상승은 피할 수 없는 일이다.

1661년 오카야마 번주 이케다 미쓰마사는 그해 정한 규정을 일기에 적어 놓았다. 내용은 대략 다음과 같다.

가마꾼이나 하인 등 무가에서 일하는 하인들의 급여액은 번에서 상한 액을 정해두었음에도 불구하고 전혀 지켜지지 않고 있다. 용모나 풍모가 뛰어난 부하는 인기가 있는 번이나 봉록이 많은 번사가 앞 다투어 부하로 고용하고 싶어 하니 그들의 급료는 높아만 갈 뿐이다. 아무리 용모가 뛰어나다 해도 번의 규정을 어기고 금액을 지불하는 것은 옳지 않다. 그리고 이와 같이 급료가 상승하는 바람에 봉록이 적은 번사는 제대로 부하를 고용할 수도 없다고 하니 더더욱 말이 안 된다.

그리고 이 오카야마 번의 사례보다 조금 먼저 발생한 것으로 보이는데, 1639년 물러난 후 고마쓰성小松城에 살고 있던 전 가가 번주 마에다 도시쓰네前田利常도 같은 문제에 봉착했다. 그의 언행을 기록한 『미묘공어야화微妙公御夜話』에 의하면, 당시 고마쓰에서는 용모가 뛰어난 고고쇼라면 돈을 아끼지 않고 고용하려는 풍조가 전체로 퍼져 특히 1년 단위로 계약하는 부하의 임금이 유난히 뛰어오르는 사태가 발생했다.

고용주인 무사들이 감당할 수가 없게 되자 도시쓰네가 묘안을 하나 짜 내었다. 즉 고마쓰에 있는 1년 계약한 부허에게 상중히의 등급을 매기고 각 임금액을 적어 넣은 증명서(와 같은 것)를 발급했다. 어쨌든 주군의 인장이 찍혀있고 공식적으로 정해진 금액대로 급여를 주겠다는 뜻이므로 임금상승은 진정되어 1~2년 정도는 안정되었다고 한다. 하지만 결국은 하인을 알선하는 브로커가 암약하던 원래 상태로 되돌아가고 말았다. 그 때문에 도시쓰네는 고용인의 임금시세를 상승시키는 그들의 우두머리를 체포하여 극형에 처하기도 했다고 한다.

남성취향의 풍조에 기인한 고용인의 임금 상승.

용모, 즉 남자의 외모는 당시 단순히 개인적인 용모문제를 떠나 중대한 고용문제, 경제문제를 야기하기도 한 것이다.

출세의 조건　　남자의 용모가 그토록 중요시되는 풍조 속에서 용모가 뛰어나지 않은 인물이 입신출세하기란 요즘 우리가 상상하는 이상으로 어려웠을 것이라고 생각되는데 실제로는 어떠했을까.

1670년 4월 12일 아마노 나가시게의 비망록 『사충지집』에는 "오늘 아침 존안尊顔을 뵌 분은 타고난 지혜와 자비심이 많고 용맹한 사람이지만 용모는 별로……"라는 부분이 있다. 오늘 아침 아마노는 어떤 인물과 대면했다. '존안' 등의 표현을 사용하고 있는 것으로 봐서 상당히 요직에 있는 사람이었던 것 같다. 그런데 그 인물은 용맹이나 지혜는 뛰어나지만 타고난 추남이었다고 한다. 그럼에도 불구하고 막부의 요직에 올라 있다는 사실이 정말 이상하다고 아마노는 생각한 것이다.

그 일이 있기 5년 전 12월 23일, 막부의 유학자 하야시 가호林鵞峯는 새로 로주老中에 취임한 이타쿠라 시게노리板倉重矩에게 비슷한 느낌을 받았다고 털어놓았다.[8]

"그는 발군의 인물로 누구나 망설임 없이 로주에 추천했다고 한다. 얼마나 영광스러운 일인가"라고 한 것으로 볼 때 아주 좋은 인물평이다. 하지만 가호는 시게노리의 용모에 대해 '당대 제일가는 추남當時醜男'이라고 덧붙였다. 당시 대표적인 지식인 중 한사람이었던 하야시 가호 역시 추남 로주의 취임에 적잖은 놀라움을 토로한 것이다.

이타쿠라 시게노리는 '시마바라의 난島原の乱'[9]으로 장렬하게 전사한 이타쿠라 시게마사板倉重昌의 장남으로, 1665년 로주에 기용된 후 교토쇼시다이京都所司代[10]를 거쳐 1770년 로주에 재임명되었다. 아마노 나가시게가 배알한 '어떤 인물'이란 어쩌면 이타쿠라 시게노리였는지도 모른다.

---

8 『史館日錄』(國立公文書館內閣文庫藏).
9 1637년 발생한 크리스찬이 포함된 농민의 봉기. 막부의 기독교 탄압과 영주의 혹정에 아마쿠사 시로天草四郎를 수령으로 한 농민군이 봉기하여 하라성原城을 점거하고 농성했지만 막부의 대군에 의해 함락, 모두 죽음을 당함. 당시 3만7천의 농민이 사망했다고 하며 이후 막부의 금교禁敎정책이 강화됨.
10 1603년 에도에 막부를 열면서 서 일본, 교토의 치안유지를 위해 설립한 기관. 교토의 경비, 조정이나 귀족의 감찰, 교토京都・후시미伏見・나라奈良의 마치부교町奉行 관리, 긴키近畿지방 전역의 소송 재판 등을 담당.

참고로 그의 일생을 기록한 『시게노리상행기重矩常行記』에 의하면 시게노리는 용모와는 달리 정말 대단한 인물이었던 것 같다.

제도적인 배경

어쨌든 아마노 나가시게나 하야시 가호는 못생긴 인물이 요직에 취임한 데 대해 놀라움을 금치 못하고 각각 일기와 비망록에 적었다. 마치 그런 일은 전례가 없기 때문에 특기特記해야 한다는 태도이다.

용모의 중요함, 남성취향의 풍조. 하지만 이것도 영주의 도락이나 극히 한정된 요직의 인사에 영향을 미치는 정도였다면 문제는 그리 심하지 않았을 것이다. 영주의 기호나 인사결정자들의 취미는 당사자가 교체되면 쉽게 변하기 때문이다. 하지만 뛰어난 용모가 중요시되는 풍조에서는 그보다 제도적인 배경이 있었을 것이다.

다시 아마노 시게노리의 『사충지집』을 살펴보기로 하자. 1682년 3월 20일, 시게노리는 장남과 차남, 그리고 중신 신가이 다다카쓰新鎧忠勝 등 3명에게 '무사로서의 의무武士役之勤'를 일깨우는 조항을 적어 주었다. 모두 29항으로 되어 있으며 그중 2개항은 보병과 아시가루의 채용에 관한 조항인데 여기서도 용모가 뛰어난지 아닌지가 중요한 기준이 되어 있다. 외모에 대한 남자의 집착은 이미 주인(채용하는 측)의 도락이나 취미, 기호를 뛰어넘은 하나의 법, 제도였다고 생각된다.

법적인 측면으로 본다면, 히로사키 번의 제도와 법령을 편찬한 『고

요카쿠御用格』에도 비슷한 사례가 있다. 1713년 5월, 히로사키 번의 가로家老가 가치가시라徒頭[11]에게 분부한 규정이 바로 그것이다.

가로는 "이번에 영주님의 행렬을 따르는 오카치御徒는 몸집이 작고 용모도 뛰어나지 않았다"라고 불만을 토로한 뒤, 계속해서 "선대에는 수행하는 자를 뽑을 때 신장에 대한 규정이 있었고 근력 또한 뛰어난 자로 엄선했다. 그런데 근래에는 그런 규정이 지켜지지 않고 있기 때문에 수행하는 오카치들이 전혀 뛰어나 보이지 않는다. 한심한 일이다. 따라서 앞으로 수행하는 자를 선출할 때에는 선례를 따르라고 했다"고 한다.

이로 볼 때 히로사키 번에서 용모가 뛰어난 사람으로 수행원을 뽑은 것은 분명 법 제도의 일부였다고 할 수 있다.

용모라는 요소

최근 읽은 책에 다음과 같은 내용이 있었다.

'남자는 용모가 다가 아니다'라고 사람들은 말한다. 하지만 용모는 얼굴모양이자 얼굴생김새이다. 그러므로 '남자는 미모美貌가 다가 아니다'라고 하면 수긍 못할 것도 없지만 '남자는 용모가 다가 아니다'라고 할 수는 없지 않을까.

---

11 가치徒는 에도막부 및 번에 소속되어 도보徒步로 전투하는 하급무사를 말함. '가치가시라'는 그런 병사의 우두머리長.

초대 로마황제 아우구스투스를 비롯하여 미모의 남성을 예로 든 이 책의 저자는 미모라고는 할 수 없지만 개성과 품격이 있는 '좋은 얼굴'에 대해서 언급하고 있다. 그리고 '용모란?'이라는 제목이 붙은 장章에서 다음과 같이 맺고 있다.

나는 국가든 사기업이든 어쨌든 공동체를 이끌어 갈 인물에게 있어 용모는 의외로 중요한 요소라고 생각한다. 그런 부류의 인물이 직접 접촉할 수 있는 사람 수는 한정되어 있다. 그런데 접촉하지 않는 사람들도 이끌어가야 하는 것이 바로 공동체의 리더이다. 그리고 사람들은 리더의 얼굴을 보면서 앞으로 나아간다.

소개가 늦었지만 장황하게 인용한 이 책의 제목은 『다시 남자들에게再び男たちへ』이며 저자는 프롤로그에 나온 시오노 나나미塩野七生 씨이다. 물론 이 부분은 에도시대의 용모중시 풍조에 대해 말한 것이 아니다. 따라서 에도의 상황과 전적으로 일치하지는 않는다. 하지만 '남자는 얼굴이 다가 아니다'라는 근대 이후의 속설을 의심하고, 특히 전근대 남자들이 용모를 얼마나 중요시했는지 시사하고 있다는 점에서 공감하지 않을 수 없다.

남자에게 반하다

현대사회의 리더에게 중요한 용모. 그러고 보면 다분히 전근대적 요소를 남기고 있는 야쿠자 세계에서도 '리더 = 오야붕親分'의 조건 중 하나로 용모의 가치는 일반 조직과는 비교할 수 없을 만큼 중요했다.

몸집이 크고 풍채가 좋은 기이치로喜一郎이지만 오야붕의 뒤를 따라 가다 보면 자기 자신이 작게 느껴졌다. 오야붕은 어디를 가든 등을 곧게 쫙 펴고 (…중략…) 동작 하나하나까지 남자를 반하게 했다.[12]

몸집, 행동, 그리고 용모에 이르기까지 리더는 부하들로부터 존경을 받고 더 나아가 같은 남자들도 반하게 만들 정도여야 한다. 적어도 그게 이상적이다. 이런 세계를 그린 논픽션 작품 속에는 이밖에도 "그때 형님에게 반했다"[13]라든가 "의형제의 연을 맺게 된 것도 의기투합하여 남자가 남자에게 반했기 때문이었다"[14] 등 남자가 남자에게 반한 장면을 여러 번 찾아볼 수 있다.

---

12 正延哲士, 『最後の愚連隊—稲川會外伝』, 三一書房, 1993.
13 위의 책.
14 山平重樹, 『血風賽の目侠伝—落合一家総長高橋岩太郎一代記』, 三一書房, 1993.

잊혀져버린 용어

그런데 '남자가 남자에게 반한다男惚れ(오토코보레)'라는 말은 근래 들어서는 거의 사용되지 않는다. 『고지엔広辞苑』에는 실려 있지 않고 그보다 더 많은 단어가 수록되어 있는 『일본국어대사전日本國語大辭典』에는 실려 있긴 하지만 "남성의 취향에 맞는 것"이라는 의미이다. 용례도 산유테이 엔초三遊亭円朝의 『신케이카사네가후치真景累ヶ淵』에서 인용한 "남자가 반할만한 사랑스러운 아가씨"라는 구절이 실려 있는 정도에 불과하다. 즉 남녀관계에 사용되는 말이다.

이는 '오토코스키男好'라는 말도 마찬가지로, ① 여성의 용모나 성질이 남성의 취향에 맞는 것 ② 여성이 바람기가 있고 남성을 좋아하는 것, 또 그런 여성(『고지엔』)이라는 의미로 해석되어 있다. 역시 남자와 여자 사이에 한정되어 사용되는 말이다.

남자가 남자에게 반하는 '남성취향'의 세계에서 용모가 뛰어난 부하를 경쟁적으로 고용한다는 의미로 에도 전기에 널리 사용되고 있던 '오토코스키男數寄'도 대부분 사라졌거나 좁은 세계에서 통하는 용어로 취급당하고 있다.

국어사전에서 볼 수 있는 이런 망각이 '남자는 얼굴이 다가 아니다'라는 근대 이후 일반화된 사상과 어떤 관계가 있는지 역사적 과정을 분명하게 뒷받침해줄 자료나 능력은 현재로선 없다. 하지만 그 둘이 서로 관련이 있는 것만은 분명하다. 말의 망각은 그 말이 예전에 나타내고 있었던 현실(사랑과 성을 함께 하는 남자 간의 유대. 혹은 남성을 향한 아름다움의 요구)이 쇠퇴했음을 뚜렷이 보여준다고 생각하기 때문이다.

'미남이란 무엇인가'에 미친 영향

그렇다면 남성의 용모에 대한 사회의, 더 나아가 여성의 기호는 어떻게 변했을까. 먼저 오자키 고요尾崎紅葉의 대표작 중 하나인 『갸라마쿠라伽羅枕』[15]를 통해 살펴보기로 하겠다. 소설의 무대는 막부 말이다. 23~4세였던 고요는 당시 당대(1890년 무렵) '미남의 조건'을 비교하며 메이지에 접어들어 수수하고 늠름하며 씩씩한 남자를 좋아하는 취향이 널리 퍼졌고, 에도 시대에는 상냥하고 여성스러우며 중성적이고 소년 같은 남자가 인기가 있었다고 했다.

아쉽지만 여기서 남성의 용모에 대한 기호의 변천을 역사적으로 살펴볼 여유(그리고 지식의 축적도)는 없다. '미남의 역사'를 꼼꼼하게 연구하여 성과를 내기 위해서는 설사 시대를 에도에 한정시킨다고 해도 정신이 아득해질 만큼 많은 준비가 필요할 것이다.

그렇지만 에도시대에 어떤 얼굴, 체형, 그리고 태도를 미남의 조건이라고 했는지에 대해 소년애 및 남색의 기호가 지대한 영향을 미친 것만은 분명하다. 설사 에도 중기 이후 남색풍속이 현저히 쇠퇴했다고는 해도 말이다.

미남이든 미녀든 그 이미지의 윤곽을 만들어 내기까지는 어느 시대나 이성異性의 뜨거운 시선뿐만 아니라 동성이 보는 눈, 동성을 향한 '그 또는 그녀'의 엄격한 미의식이 작용했을 것이다. 특히 에도라

---

15 향이 베어 나오게 만든 목침을 말함. 향침香枕.

는 시대는 18세기 초까지 '동성애 풍속하에서의 미의식'이 아주 깊이 침투해 있었으므로 그런 미의식이 미남이란 무엇인가에 대해 유형, 무형의 영향을 미쳤을 것이라고 보는 건 당연하다.

일찍이 미타무라 엔교가 지적했듯이 남색의 유행과 쇠퇴가 에도의 (더 나아가서는 일본의) 문화와 풍속에 미친 영향은 오늘날 우리가 상상하는 이상으로 컸다고 할 수 있다.

'성의 역사'의 재미와 재미 그 이상에 대해

1923년 간행된 『풍속사연구지침風俗史研究指針』의 저자 모리 도쿠타로森德太郎는 풍속사 연구 항목 중 하나로 연애(색정)를 들면서 "본 항의 연구는 아주 힘들고 또 목적을 위한 수단이 잘못되어 나쁜 길로 빠져드는 경우가 많다"는 점을 경계했다. 그는 또 "견인불발堅忍不拔의 정신과 냉정하고 치밀한 두뇌를 갖춘 자가 아니면 본 항은 풍속사에서 생략하는 편이 낫다"고도 했다.

성에 대한 흥미본위의 호사가적 연구를 비판하는 태도는 좋다. 하지만 역사연구자가 필요이상으로 겁먹을 필요는 없을 것이다. 되풀이하자면 남녀 간의 성애는 물론, 남성 간의 동성애라는 테마 또한 특히 에도시대사를 고찰할 때 절대 생략할 수 없는 역사학적으로 중요한 과제이다. '기껏해야 동성애'라는 취급을 해서는 안 되는 것이다.

『동성애의 사회사─영국·르네상스同性愛の社會史─イギリス·ルネサ

ンス』의 저자이기도 한 영국의 역사가 알렌 브레이는 수년 전 이런 말을 했다.

과거 동성애뿐만 아니라 보다 폭넓은 성문제에 관한 연구는 대부분 역사가들의 관심 밖에 있거나 주변적인 요소에 불과했다. 성이란 보통 재미있는 주제이다. 하지만 그 이상은 아닌 것일까. 조금이라도 자신감을 가지고 그 문제를 주장한 역사가는 거의 없었던 것 같다.[16]

성의 역사는 재미있다. 하지만 사실 '재미 이상의 테마'라는 말에 표면적인 의미를 넘어 공감하지 않을 수 없다. 또한 그와 동시에 그렇게 자신감을 가지고 주장할 수 있는 역사학자가 거의 없다는 현상 역시 유감스럽지만 우리도 공유하고 있는 것 같다.

에도의 성애사.

이 매력적인(재미있는) 영역에는 연구할 만한 사항이 많지만 아직 손도 대지 못한 채 방치되고 있다. 하지만 비관할 필요는 없다. 가까운 장래에 보다 젊은 연구자들에 의해 공백은 하나하나 메워질 것이다. 저자로서는 적어도 이 책이 그런 '경외하는 후세'들의 선도적인 역할이라도 할 수 있으면 하는 바람이다.

16 アラン ブレイ, 「エリザベス朝イギリスにおける男性間の友情の徴候と同性愛」, 田口孝夫・山本雅男 譯, 『同性愛の社會史－イギリス・ルネサンス』, 彩流社, 1993.

사랑과
죽음

가가 번의 마에다 도시쓰네前田利常가 66세로 생애를 마감한지 약
한 달 후, 가나자와金澤성 근처에 임시로 거주하고 있던 시나가와 사
몬品川左門에게 젊은이가 한 명 찾아왔다. 젊은이의 이름은 후지타 산
주로藤田三十郎, 19세. 4년 전 도시쓰네의 오쿠고쇼奧小姓에 고용된 그
는 이 날 사몬左門에게 휴가를 신청하기 위해 왔다고 한다. 1658년
11월의 일이다.

당시의 사몬은 당장이라도 도시쓰네의 뒤를 따라 할복하려는 태
도를 보였다고 한다. 도시쓰네가 죽은 뒤 이미 다케다 이치사부로竹
田市三郎, 후루이치 사콘古市左近, 하라 사부로자에몬原三郎左衛門, 호리
사쿠베堀作兵衛가 할복했는데 사몬 혼자만 뒤늦게 순사殉死를 하려고
한 것이다.

왜일까? 그때 사몬을 찾아갔던 젊은이 산주로는 그로부터 62년
뒤 81세에 저술한 『미묘공어직언微妙公御直言』에서 당시를 회상하며
그 경위를 밝혔다. 그 날 사몬은 산주로에게 다음과 같이 털어놓았다
고 한다.

주군께서 생전에 "자네는 내가 죽은 후 절대 뒤따라 할복해서는 안 된
다. 살아서 가가 번의 영주(도시쓰네의 손자 마에다 쓰나노리前田綱紀)를
확실히 보필해야 한다"고 분부했기 때문에 본의 아니게 오늘까지 죽지 못
하고 살아 있었다. 죽는 것은 두렵지 않았다. 모든 것은 주군 도시쓰네 공
의 유지에 따랐을 뿐이다. 그런데 에도에 계신 분으로부터 은밀히 "자네
가 뒤따라 할복을 하지 않으면 가가 번의 영주 입장이 곤란해진다"고 죽

으라는 재촉을 받았기 때문에 할복할 각오를 했다.

도시쓰네가 죽었을 때 손자 쓰나노리는 아직 16살이었다. 그래서
주군이 죽으면서 쓰나노리를 보필해 달라며 남긴 유언을 받들어 사
몬은 할복하지 못하고 있었는데, 어찌된 일인지 에도의 모 실력자가
사몬에게 할복을 권고했다는 것이다.

할복할 장소로 뽑힌 곳은 가나자와에 있는 호엔지宝円寺였다. 절의
정원에 다다미가 깔리고 주위에 울타리를 엮고 막幕도 쳐졌다. 흔히
하던 대로 꾸며진 할복장소. 하지만 사몬으로서는 '뒤늦은 순사殉死'
가 결코 목숨이 아까워서가 아니었다는 사실을 한 명이라도 많은 사
람에게 알리고 싶었다. 칼로 찌르는 순간 막을 걷어 올리게 하고 절
의 정문을 활짝 열어 절 바깥에 모여든 사람들에게도 자기의 죽는 모
습을 마음껏 보게 했다고 한다.

죽은 주군 외에는 자식에게도 보여준 적이 없는 아름다운 피부를
구경꾼들에게 드러내고 칼을 왼쪽 옆구리에 찌른 뒤 기합소리와 함
께 찔러 넣은 칼을 돌렸다. 멋지게 할복하는 모습은 사람들에게 깊
은 감동을 불러일으켰다. 그 모습을 『미쓰보기三壺記』의 저자는 "아
는 사람, 모르는 사람 할 것 없이 눈물을 흘리지 않는 사람이 없었다"
고 전하고 있다. '옥같이 부드러운 피부'라는 표현이 말해주듯이 사
몬은 도시쓰네에게 있어 평범한 부하가 아니었다.

이야기는 18년 전으로 거슬러 올라간다. 당시 도시쓰네는 와키다
이노스케脇田猪之助라는 소년을 더없이 총애하고 있었다. 그런데 이

노스케는 1640년 병으로 요절했다. 비탄에 잠겨있던 도시쓰네. 이노스케가 죽은 뒤에도 여전히 애착을 버리지 못한 도시쓰네는 이노스케와 꼭 닮은 사람을 찾아오라고 명했는데 명을 받은 부하가 교토에서 찾아낸 소년이 시나가와 사몬이었다고 한다(『三壺記』).

자연히 사몬에게 쏟아지는 총애는 보통이 아니었고 타고난 총명함도 더해 사몬은 도시쓰네의 측근 중의 측근으로서 절대적인 정치력을 획득해 갔다. 어쨌든 도시쓰네와의 강한 유대는 정신적으로나 육체적으로도 타의 추종을 불허했던 것 같다. 도시쓰네는 급사한 날 밤에도 현기증이 난다고 말한 뒤 복도에 쓰러져 "사몬, 사몬"을 두 번 부르고는 의식불명에 빠졌다고 한다.

도시쓰네의 사랑을 한 몸에 받으며 높은 자리에 오른 사몬. 어쩌면 그는 너무 강하게 전 번주의 유지를 받들었기 때문에 할복을 강요받았는지도 모른다. 그것이 당시 무사들의 법도였는지 아니면 냉혹한 정치의 논리였는지는 알 수 없다.

영주와 총애하는 신하. 두 사람 사이의 끈끈한 유대를 만든 영주의 사랑은 동시에 살아남은 신하에게 잔혹하다 싶을 만큼 '은혜 갚기'를 강요한 것이다. 사랑과 죽음. 막부에서 순사殉死를 전국적으로 금지한 것은 사몬이 죽은 지 불과 5년 후인 1663년이다.

1994년 12월 4일, 오후 2시, 저자는 가나자와시 외곽 노다야마野田山에 있는 마에다 도시미쓰의 무덤 앞에 서 있었다. 주위에 인기척이라고는 없었다. 낙엽이 쌓인 광대한 묘지의 한 쪽.

도시쓰네 공의 무덤에 참배하러 간 것은 아니었다. 높이 3미터 이상은 되어 보이는 3층 피라미드형 토분土墳이 도시쓰네의 무덤이고 그 왼편으로 수 미터 떨어진 곳에 다섯 개의 봉분이 늘어서 있다. 찾아온 목적은 이 다섯 봉분 쪽인데 이것은 도시쓰네가 죽자 뒤따라 할복한 사람들의 무덤이다.

시나가와 사몬의 무덤은 맞은편 가장 앞쪽에 있다. 사후 330여 년이 지난 지금, 기껏해야 내 키 정도밖에 되지 않는 자그마한 토분에서 소나무가 수 그루 자라 지금은 토분을 무너뜨릴 기세로 뿌리를 굵게 뻗고 있었다.

그런 무덤 앞에서 잠시 동안 합장. 불과 1분 정도였는데 거짓말이 아니라 꼭 그때 내 머리와 어깨에 작은 알갱이였지만 아플 만큼 많은 우박이 내렸다. 우연임에 틀림없다고 되뇌기는 했지만 말이다.

참고문헌

프롤로그 | 노부나가의 조리

『仰景録』,『日本偉人言行資料』, 1917.

『絵本太閤記』, 国立公文書館内閣文庫蔵.

岡谷繁実,『名将言行録』全8巻, 岩波文庫, 1943~44.

岡田三面子 編著, 中西賢治 校訂,『日本史伝川柳狂句』1~26, 古典文庫, 1972~80.

小和田哲男,『豊臣秀吉』, 中公新書, 1985.

塩野七生,『男の肖像』, 文春文庫, 1992.

村上直 校注,『武野燭談』, 人物往来社江戸史料叢書, 1967.

제1장 | 잊혀져버린 복수

『高田馬場敵討』, 国立公文書館内閣文庫蔵.

『大泉紀年』,『鶴岡市史編纂会編さん荘内史料集』4~6, 1978~79.

『思忠志集』, 国立公文書館内閣文庫蔵.

『鸚鵡籠中記』,『名古屋叢書続編』9~12, 1965~69.

『二老略伝』, 国立公文書館内閣文庫蔵.

『忠義太平記大全』,『徳川文芸類聚』1, 国書刊行会, 1914.

福本日南,『元禄快挙録』上中下巻(改版), 岩波文庫, 1982.

三田村鳶魚,「敵討の話」,『三田村鳶魚全集』4, 中央公論社, 1976.

三浦寺水,「赤石愛太郎水戸の仇討」,『郷土誌むつ』3, 神書店, 1932.5.

池波正太郎,「史実と小説－高田馬場の決闘」, 新宿区教育委員会 編,『地図で見る新宿
　　区の移り変わり－戸塚・落合編』, 1985.

千葉亀雄,「新版日本仇討」,『千葉亀雄著作集』4, ゆまに書房, 1992.

平出鏗二郎, 『敵討』, 中公文庫, 1990.

戸塚隠士, 「高田馬場の仇討 (一)～(三)」, 『武蔵野』26の8～27の2, 1939～40.

제2장 │ 그대와 나

フリドリヒ クラウス, 安田一郎 訳, 「信仰, 慣習, 風習および慣習法からみた日本人の性
　　生活」, 『日本人の性生活』, 河出書房, 1957.

江戸川乱歩, 『うつし世は夢』(江戸川乱歩推理文庫 60), 講談社, 1987.

谷崎潤一郎, 「あくび」, 『谷崎潤一郎全集』1, 中央公論社, 1972.

久米正雄, 『学生時代』, 新潮文庫, 1949.

内田魯庵, 『社会百面相』上下巻, 岩波文庫, 1953・54.

大杉栄, 『自叙伝・日本脱出記』, 岩波文庫, 1971.

稲垣足穂, 『南方熊楠児談義』, 河出文庫, 1992.

東郷重資, 『薩藩士風考』, 1911.

鹿児島県立図書館 編, 『薩摩の郷中教育』, 1972.

里見弴, 『桐畑』, 岩波文庫, 1951.

_____, 「君と私」, 『里見弴全集』1, 筑摩書房, 1977.

_____, 「銀語録」, 『里見弴全集』10, 筑摩書房, 1979.

_____, 『極楽とんぼ』, 岩波文庫, 1993.

木村荘八, 『東京繁昌期』(連載当時は『東京繁盛期』, 岩波文庫, 1993).

尾崎紅葉, 「七十二文命の安売」, 『紅葉全集』2, 岩波書店, 1993.

本富安四郎, 「薩摩見聞記」, 『日本庶民生活史料集成』12, 三一書房, 1971.

浜尾四郎, 「悪魔の弟子」, 『日本探偵小説全集』5, 東京創元社, 1985.

森鴎外, 「ヰタ・セクスアリス」, 『鴎外全集』5, 岩波書店, 1972.

三浦梧楼, 『観樹将軍回顧録』, 中公文庫, 1988.

氏家幹人, 『江戸の少年』, 平凡社ライブラリー, 1994.

阿川弘之, 『志賀直哉』, 岩波書店, 1994.

巌谷小波, 「五月鯉」, 『明治文学全集』20, 筑摩書房, 1968.

日下諗, 「給仕の室」, 『白樺』4, 1910.7.

長谷川泉, 『鴎外「ヰタ・セクスアリス」考』, 明治書院, 1968.

田岡嶺雲, 「数奇伝」, 『日本人の自伝』4, 平凡社, 1982.

折口信夫, 『口ぶえ』, 中公文庫, 1975.

中野好夫・横山春一 監修, 『蘆花日記』全7巻, 筑摩書房, 1985~86.

志賀直哉, 「モデルの不服」, 『明治文学全集』76, 筑摩書房, 1973.

志賀直哉, 「濁った頭」, 『明治文学全集』76, 筑摩書房, 1973.

川端康成, 「少年」, 『川端康成全集』10, 新潮社, 1980.

秋田雨雀, 「同性の恋」, 『早稲田文学』19, 1907.6月号.

太宰治, 「思い出」, 『太宰治全集』1, ちくま文庫, 1988.

坪内逍遥, 『(一読三歎)当世書生気質』, 岩波文庫, 1937.

和辻哲郎, 『自叙伝の試み』, 中公文庫, 1992.

横溝正史, 「鬼火」, 『日本探偵小説全集』9, 東京創元社, 1986.

제3장 | 사랑하는 남자들

「元禄二年正月 邑楽郡大久保村高瀬善兵衛家訓」, 『群馬県史』資料編 16 近世 8, 1988.

『ビスカイノ金銀島探検報告』(改訂版)(村上直次郎 訳注, 『異国叢書』所収), 雄松堂書
　　店, 1966.

『狗張子』, 『徳川文芸類聚』4, 国書刊行会, 1915.

『羅山林先生別集』, 国立公文書館内閣文庫蔵.

『万川集海』, 東京教育大学体育史研究室・日本古武道振興会 共編, 『日本武道全集』4,
　　人物往来社.

『武功雑記』, 国立公文書館内閣文庫蔵.

『武士としては』, 国立公文書館内閣文庫蔵.

『白石先生紳書-日本随筆大成 III-12』, 吉川弘文館, 1977.

『続編武林隠見録』, 国立公文書館内閣文庫蔵.

『新編会津風土記』, 国立公文書館内閣文庫蔵.

『梧窓漫筆』, 国立公文書館内閣文庫蔵.

『朝野雑載』, 『益軒全集』8, 益見全集刊行部, 1911.

『中村雑記』, 国立公文書館内閣文庫蔵.

『春日山日記』(『史籍集覽』所収).

アラン ブレイ, 田口孝夫・山本雅男 訳, 『同性愛の社会史-イギリス・ルネサンス』, 彩
　　流社, 1993.

姜在彦 訳注, 『海游録－朝鮮通信使の日本紀行』, 平凡社東洋文庫, 1974.

麻績斐・桜井美成 編, 『(東北偉人)雲井龍雄全集』, 東陽堂, 1894.

末兼八百吉, 『日本情交之変遷』, 晩青堂書店, 1887.

森銑三, 「佐善雪渓」, 『森銑三著作集』8, 中央公論社, 1989.

岩田準一, 『男色文献書志』(限定版), 岩田貞雄, 1973.

二木謙一, 『戦国武将の手紙を読む』, 角川選書, 1991.

正宗敦夫 編纂, 『集義外書』, 『蕃山全集』2, 蕃山全集刊行会, 1941.

제4장 │ 의형제의 결연

「岩田準一あて南方熊楠書簡」, 『南方熊楠全集』8・9(書簡Ⅰ・Ⅱ), 乾元社, 1951.

『よしの冊子』, 安藤菊二 責任編集, 『随筆百花苑』8・9, 中央公論社, 1980・81.

『見聞雑誌』, 石上敏 校訂, 『叢書江戸文庫 32－森島中良集』, 国書刊行会, 1994.

『東渓石先生年譜』(『新編覆醤集』所収), 国立公文書館内閣文庫蔵.

『玉滴隠見』(内閣文庫所蔵史籍叢刊 44), 汲古書院, 1985.

『志塵通』, 鶴岡市立図書館蔵.

『刑罰書抜』, 『岡山県史』24, 岡山藩文書, 1982.

『会津藩家世実紀』全15巻, 吉川弘文館, 1975～89.

高鋭一, 「鶏姦ノ儀ニ付建言」, 色川大吉・我部政男 監修, 『明治建白書集成』2, 三一書
　　　房, 1990.

藤井駿・水野恭一郎・谷口澄夫 編, 『池田光政日記』, 国書刊行会, 1983.

放牛舎桃林 講演, 『大川友右衛門』, 朗月堂, 1896.

棚橋訓, 「同性愛少考－パプアニューギニア, ザンビア社会の事例から」, 『文化人類学』
　　　4, 1987.

山田美妙 編, 『新体詞選』, 『明治文学全集』60, 筑摩書房, 1972.

杉島敬志, 「精液の容器としての男性身体－精液をめぐるニューギニアの民俗的知識」,
　　　『文化人類学』4, 1987.

新渡戸稲造, 矢内原忠雄 訳, 『武士道』(改版), 岩波文庫, 1974.

依田学海, 『譚海』, 1884.

赤松啓介, 『非常民の民俗境界－村落社会の民俗と差別』, 明石書店, 1988.

赤松啓介, 『非常民の民俗文化－生活民俗と差別昔話』, 明石書店, 1986.

竹田旦, 『兄弟分の民俗』, 人文書院, 1989.

中村幸彦・中野三敏 校訂, 『甲子夜話』, 平凡社東洋文庫, 1983.

中沢新一, 「解題－浄のセクソロジー」, 『南方熊楠コレクション』III, 河出文庫, 1991.

千葉徳爾, 『たたかいの現像―民俗としての武士道』, 平凡社, 1991.

村上英俊(義茂), 『三語便覧』(復刻版), カルチャー出版社.

平山和彦, 『伝承と習慣の論理』, 吉川弘文館, 1992.

学海日録研究会 編纂, 『学海日録』8, 岩波書店, 1991.

火野葦平, 『花と龍』上下巻, 新潮文庫, 1954~55.

横山重・前田金五郎 校注, 『武道伝来記』, 岩波文庫, 1967.

제5장 | 수염과 앞머리

『(正史実伝)いろは文庫』, 有朋堂文庫, 1918.

『万象亭戯作濫觴』(叢書江戸文庫 32).

『微妙公御夜話』, 『御夜話集』上編, 石川県図書館協会, 1933.

『半日閑話－日本随筆大成』I-8, 吉川弘文館, 1975.

『松雲公御夜話』, 『御夜話集』下編, 石川県図書館協会, 1934.

『葉隠』, 相良亨・佐藤正英 校注, 『日本思想大系』26, 岩波書店, 1974.

『異説まちまち－日本随筆大成』I-17, 吉川弘文館, 1976.

『伝奇作書』, 『新群書類従』1, 国書刊行会, 1906.

『還魂紙料－日本随筆大成』I-12, 吉川弘文館, 1975.

アイブル アイベスフェルト, 日高敏隆・久保和彦 訳, 『愛と憎しみ－人間の基本的行動
　　　様式とその自然誌』, みすず書房, 1974.

菊池勇夫, 『北方史のなかの近世日本』, 校倉書房, 1991.

渡辺恒夫, 『脱男性の時代－アンドロジナスをめざす文明学』, 勁草書房, 1986.

山本盛秀 編刊, 『倭文麻環』, 1908.

三田村鳶魚, 「人間美の競争」・「江戸に少ない女形」・「ちょいちょいの本尊」・「柳腰の
　　　持主」外, 『三田村鳶魚全集』12, 中央公論社, 1976.

松田修, 「男色細見三の朝 解題」, 『日本庶民文化史料集成』9, 三一書房, 1974.

阿部謹也, 『西洋中世の男と女－聖性の呪縛の下で』, 筑摩書房, 1991.

岩田準一, 『本朝男色考』(限定版), 岩田貞雄, 1973.

長谷川強 校注, 『耳囊』, 岩波文庫, 1991.

黒田日出男, 「'髭'の中世と近世」, 『週刊朝日百科, 日本の歴史別冊−絵画史料の読み方』, 朝日新聞社, 1988.

_____, 『王の身体 王の肖像』, 平凡社, 1993.

제6장 │ 남자다운 모습

(長谷川成一 校訂, 『御用格』(寛政本), 弘前市, 1991.

アラン ブレイ, 田口孝夫 訳, 「エリザベス朝イギリスにおける男性間の友情の徴候と同性愛」, 『みすず』, 1994.10月号.

磯貝正義・服部治則 校注, 『改訂甲陽軍鑑』, 新人物往来社, 1960.

尾崎紅葉, 『伽羅枕』, 『紅葉全集』 2, 岩波書店, 1993.

山平重樹, 『血風賽の目侠伝−落合一家総長高橋岩太郎一代記』, 三一書房, 1993.

森徳太郎, 『風俗史研究指針』, 中外出版株式会社, 1923.

氏家幹人, 『殿様と鼠小僧』, 中公新書, 1991.

塩野七生, 『再び男たちへ』, 文春文庫, 1994.

正延哲士, 『最後の愚連隊−稲川会外伝』, 三一書房, 1993.

池波正太郎, 『男振』, 新潮文庫, 1978.

『史館日録』, 国立公文書館内閣文庫蔵.

『榊原忠次言行録』, 国立公文書館内閣文庫蔵.

『因府録』, 『鳥取県史』 6, 近世資料, 1974.

* 이 밖에 『加賀藩史料』, 『弘前藩史料』(弘前市立弘前図書館蔵), 『池田家文庫史料』(岡山大学図書館蔵), 『加越能文庫史料』(金沢市立図書館蔵) 등 참고, 인용.

저자 후기

설사 아무리 학술적인 책이라고 해도 한 권의 책이 탄생하기까지 책을 쓰는 사람의 소중한 추억이나 상흔이 잠재적인 동기로 작용하는 법이다.

말로는 잘 표현할 수 없는 부조리한 동기. 먼 과거의, 따라서 평소에는 잊고 있었지만 뭔가 특별한 기회를 맞아 떠올릴 때마다 심한 불안과 외로움이 치밀어 오르는 기억. 그런 구토와도 같은 기억이 저자에게도 있다.

일본의 영화산업이 왕성했을 무렵, 지금과는 비교도 안 될 만큼 수많은 방화邦畫영화관이 영업을 하고 스크린에 펼쳐지는 활극이나 사랑이야기에 사람들이 흥분과 도취에 빠지고 넋을 잃고 있던 시절의 이야기다.

만 4세부터 6세에 걸친 2년간, 나는 매주 근처 영화관에 끌려가서 동시상영 영화 세 편이 끝날 때까지 몇 시간을 거기서 보냈다. 영화관 이름은 분명하게 기억나지 않지만 스크린에 연달아 등장한 스타들의 모습은 지금도 선명하게 인상에 남아 있다.

〈누구보다 그 누구보다 당신을 사랑한다誰よりも誰よりも君を愛す〉에서 본 미남의 악역 가와사키 게이三川崎敬三. 취학 전 나에게 악당의 요염함과 풍만한 여체의 감촉을 알게 해 준 후지 신타로藤新太郞. 젊은 시절 혼고 고지로本鄕功次郞의 수줍은 미소를 띤 늠름함.

스크린을 통해 엿본 어른의 세계. 하지만 영화관에서 경험한 충격은 대부분 지금이야 아무 것도 아닌 것으로 바뀌고 말았다. 남과 여의 달콤하고 씁쓸한 관계, 전쟁의 소용돌이, 치밀어 오르는 증오, 애욕, 승리의 기쁨과 패배의 비애 등. 그 모든 것을(물론 영화만큼 극적이지는 않지만) 남자, 그리고 어른으로서 나 나름대로 경험했기 때문이다. 어린 아이가 소년으로, 그리고 어른으로 성장해 간다는 것은 지식과 경험의 축적과는 반대, 커다란 상실이기도 하다.

잃어버린 과거의 경악.

그런데 일본근세사를 본격적으로 배우게 될 때까지 아무래도 석연치 않은 장면이 기억 속에 남아 있는 게 있었다. 연기한 배우가 누구이며 제목이 무엇이었는지 다 잊어버렸지만 당시 방랑물이나 의협물, 또는 액션 영화 속에서 꽤 자주 볼 수 있었던 장면은 "형에 해당하는 사람의 팔에 안겨 숨을 거두는 동생의 모습"이었다.

이야기의 전개는 어느 작품이나 비슷했다. 누구보다 용감하지만 생각이 짧은 젊은이가 궁지에 몰린 형(두 사람은 의형제)을 돕기 위해 무모한 행동을 한다. 하지만 언제나 적은 한 수 위여서 젊은이는 결국 온갖 괴롭힘을 당하다가 죽고 만다. 소식을 듣고 달려오는 형. 하지만 동생은 이미 거의 숨이 넘어가는 상태다.

"정신 차려, 어찌 이리 무모한 짓을"이라고 격려하기도 하고 꾸짖기도 하면서 형은 자기를 이다지 흠모해 주는 동생의 '정'에 울지 않을 수 없다. 이 정도는 수긍이 간다. 하지만 의외로 죽어가는 젊은이의 얼굴에도 어딘지 기쁜 듯한 미소가 떠오르는 게 아닌가.

"형님……."

젊은이는 연인보다 진짜 부모보다도 사랑하는 형의 팔에 안겨 평안하게 숨을 거두는 것이었다. 남자 간의 사랑. 의형제의 유대. 서로를 위해 바친 정사情死와도 같은 죽음. 그런 일련의 심정만큼은 20대 중반이 되어 에도시대의 사료더미에 파묻히게 될 때까지 충분히 이해할 수 없었다.

저자가 의협영화 속에서 반복되는 그 장면의 의미(특히 역사적 배경)를 어떻게 이해했는지, 그 부분에 대해서는 본문을 읽어주기 바란다. 어쨌든 "청년이 어째서 형의 팔에 안겨 죽는 것일까"라는 시네마키드 시절 이래 계속 가지고 있던 소박한 의문이 이 책을 만들게 된 잠재적 동기이고 저자의 개인적인 이유이다.

물론 이것만으로 이 책이 완성된 것은 아니다. 이와다 준이치의 『남색문헌서지』를 비롯한 수많은 문헌과 사료가 저자를 이끌어 준 것은 말할 필요도 없다. 그와 동시에 적어도 학술서 내지 교양서 장르에 들어가는 이 책은 집필 중 많은 사람들로부터 구상을 들려주고 의견을 들으면서 하나하나 이루어졌다.

그분들께 감사의 말을 전하고 싶다.

역자 후기

　이 책을 손에 든 독자들은 일단 『무사도와 에로스』라는 제목을 보고 뭔가 흥미 위주의, 에로스적인 면이 강조된 책이라고 여겼을 것 같다. 하지만 저자도 말하고 있듯이 어디까지나 이 책은 학술서, 교양서이다. 다양하고 폭넓은 자료와 에피소드 등이 소개되어 있어 그것만으로도 흥미로우며, 역사적으로 있던 사실이지만 역사서에서는 다루지 못할 것 같은 '남성들의 사랑'이라는 관점으로 보면 더 재미있을 것 같다.

　이 책은 제목에서 엿볼 수 있듯 '무사들의 동성애'가 주요 테마이다. 전국시대戰國時代 무사들의 사랑, 당시는 사랑과 충의 감정이 불가분의 관계였다. '슈도衆道', '남색男色' 등으로 불린 남성 간의 사랑은 단순히 성적인 욕망을 충족시키기 위한 것만은 아니었다. 그 본질은 충의, 상호우애이며 단순한 성적 취향으로서의 동성애는 아니었던 것이다. 물론 배신, 질투도 있었고 남색의 갈등으로 인한 결투, 원수를 갚는 사건이 벌어지곤 했지만 말이다. 그리고 남색은 전국시대뿐만 아니라 그 후 에도 초기, 메이지시대의 서생, 근대문학자들과 작품 속에서도 계속 등장했고 시대에 따라 유행과 쇠퇴를 거듭했다.

전투로 지새우던 전국시대의 무사, 무사들의 수염, 여자보다 아름답던 미소년과 그것을 상징하던 앞머리. 그러던 것이 전투가 없던 에도시대에 들어서면서 수염은 사라지고 앞머리도 사라지고 남색도 쇠퇴하는 과정을 거치게 된다. 평화로운 에도시대의 '무사도'라는 개념과 전투가 일상이던 시대의 '에로스'. 그런 면에서 『무사도와 에로스』는 다소 상충되는 개념이기도 하면서 책의 제목은 핵심을 찌르고 있다고 할 수 있다. 남색의 유행과 쇠퇴는 교묘하게 역사적으로 맞물리고 있는 것이다.

일본에서는 예전, 메이지시대까지도 동성애가 드물거나 숨겨야만 하는 일은 아니었다는 것을 알 수 있다. 그렇지만 뭐랄까 너무 생활적, 현실적이어서 다소 저항감이 느껴지기도 한다. 가령 제3장에서 구모이 다쓰오가 스승으로부터 "그래도 성욕을 누를 수 없고 참을 수 없으면 그때는 남색으로 발산하는 것이 좋다. 적어도 여성에게 탐닉하는 것보다는 낫다"라는 말을 듣는 부분이라든가, 아메노모리호슈가 남색의 풍속에 대해 비판하는 조선통신사를 향해 "학사學士는 아직 그 즐거움(남색)을 알지 못할 뿐입니다"라고 대답한 것 등이 그것이다. 또한 여자를 한낱 도구 취급하던 전국시대에는 남성 간의 사랑만 발달하여 후사에 대한 염려만 없다면 남녀 간의 사랑은 절멸되었을 것이라고까지 했다. 뿐만 아니라 사쓰마薩摩나 토사土佐 등 상무尙武의 기운이 강했던 곳에는 풍속 및 사회적으로 관습화된 남색은 불의不義라고 하지 않았고, 설사 아들이나 동생 등 가족이 옆에서 당하고 있어도 모른 척했다고 한다.

가령 중국에서도 남색을 불의라고 하지 않았고, 서양에서도 플라톤의 『파이드로스』에서 소크라테스가 '소년애少年愛야말로 진짜 사랑'이라고 말하기도 했다지만 그건 이론에 불과하다는 느낌인데 반해 일본의 사례는 뭐라 설명할 수 없지만 유독 생생하게 느껴진다.

그건 그렇고 목숨을 걸고 함께 싸워야 했던 전국시대 무사들 사이에 유행하던 동성애의 유행과 에도 초기를 거치면서 쇠퇴하다가 메이지明治시대 학원學園을 중심으로 다시 유행한 배경, 근대문학자 및 작품 속 동성애 코드 등을 따라가다 보면 시대 배경, 역사 흐름 등이 고스란히 반영된다는 것을 알게 된다.

저자 역시 시대의 흐름 속에서 남성의 동성애가 어떤 역할을 했는지, 어떤 형태로 유행했는지, 쇠퇴에는 어떤 배경이 있는지 등 남성사, 민중사, 풍속사, 더 나아가 미의식의 변화라는 관점에서 풀어내려고 했다고 생각된다. 그러므로 수많은 지명, 인명, 자료 등은 좀 까다로울 수 있겠지만 그 부분만 극복하면 전문가가 아니라도 재미있게 읽을 수 있는 책이라고 생각된다.

그리고 현재 일본의 만화, 애니메이션, 소설 등에서 아무렇지 않게 다루어지고 있는 동성애 코드를 생각하면 전국시대 및 에도, 메이지, 근대문학자들의 동성애도 먼 과거의 일이 아닌, 현재진행형이라는 느낌이다. (참, 전국시대 무사들의 동성애는 육체적 욕망의 충족만을 위한 것이 아니었던가.)

옮긴이